CONSILIA · Lehrerkommentare

Herausgegeben von Hans-Joachim Glücklich

Heft 11

Hans-Joachim Glücklich

Ciceros Rede für König Deiotarus

Interpretation und Unterrichtsvorschläge

V&R

Vandenhoeck & Ruprecht in Göttingen

ISBN 3-525-25643-4

Satz: Druckvorlagen Bernert GmbH, Göttingen.
Druck: Hubert & Co., Göttingen.

Inhalt

I. Einleitung

1. Rhetorik im Lateinunterricht und in den Lehrplänen

Rhetorik ist in allen Lehrplänen als Thema des Lateinunterrichts vorgesehen, oft schon auf der Mittelstufe (Sekundarstufe I). Sie gilt als besonderes Charakteristikum sowohl der Griechen als auch der Römer — die sie von den Griechen übernommen und sie lange Zeit in Griechenland studiert haben. Und sie gilt als das wesentliche Wirkmittel lateinischer Prosa und Dichtung und somit zugleich als ein Schlüssel zu ihrem Verständnis.

Unterschiedlich sind die Meinungen der Didaktiker und der Praktiker und unterschiedlich sind die Angaben oder Vorschriften der Lehrpläne jedoch in folgenden Punkten:

(1) *Soll Rhetorik auf der Mittelstufe oder auf der Oberstufe behandelt werden?* Die Lehrpläne der süddeutschen Bundesländer sehen die Behandlung einer Rede oder eines Themas zur Rhetorik bereits in der Mittelstufe vor, Lehrpläne mancher anderen Bundesländer lassen die Behandlung einer Rede oder eines Themas zur Rhetorik als Additum bereits in der Mittelstufe zu.

(2) *Sollen Reden Ciceros oder mehr oder minder alltägliche Redeanlässe heutiger Art an entsprechenden Texten behandelt werden?* Ein Vorschlag des Verfassers für die 10. oder 11. Jahrgangsstufe geht von Anlässen wie Werbung um die Freundin, Kleiderkauf, Neugier, Angriff aus und führt schließlich zu wenigen theoretischen Texten. (Hans-Joachim Glücklich: Redekunst — Lebenskunst. Ein Rhetorikkurs im Lateinunterricht, Göttingen 1980, ²1985, Exempla, Heft 2). Es ist dies der einzige Vorschlag dieser Art geblieben, alle anderen Ausgaben gehen von der Lektüre einer Cicerorede aus.

(3) *Sollen Reden Ciceros oder theoretische Schriften behandelt werden?* Theoretische Äußerungen Ciceros und Quintilians sind oft wenig verständlich und anschaulich, wenn sie nicht mit entsprechenden praktischen Beispielen, nicht mit einer entsprechenden Tätigkeit der Schüler verbunden werden, wenn also die eigene Auseinandersetzung mit einer Rede fehlt. Deswegen haben die meisten Textausgaben theoretische Texte zur Rhetorik als Anhang oder als zweiten Teil nach einer oder mehreren Ciceroreden.

(4) *Welche Reden Ciceros sollen gelesen werden?* — ‚Klassiker‘ sind die 1. Catilinarische Rede, die Reden ‚De imperio Cnaei Pompei‘, ‚Pro Ligario‘, ‚Pro Archia poeta‘, ferner Auswahlen aus den ‚Philippicae‘ sowie eine vereinfachte Version der ‚Verrinen‘. All diesen Vorschlägen — ebenso anderen, die in der Praxis kaum erprobt sind, etwa ‚Pro Caelio‘ — ist gemeinsam, daß sie Probleme bieten:

(a) Entweder sind die inhaltlichen, insbesondere die juristischen Voraussetzungen der Rede kompliziert (‚Pro Caelio‘).

(b) Oder die Reden sind insofern untypisch, als sie einem Thema so viel Raum geben, daß es oft fast losgelöst vom Redeanlaß im Unterricht behandelt wird (etwa das Thema ‚Bildung‘ in der Rede ‚Pro Archia poeta‘).

(c) Oder sie ‚wiederholen‘ Dinge, die aus anderen Lektüren mehr oder minder bekannt sind (‚De imperio Cnaei Pompei‘, ‚In Catilinam I‘).

(d) Oder sie sind so lang, daß sie nur in Auswahl gelesen werden können oder Aufbau und Ablauf der Rede aus dem Blick geraten — von Anlaß, Wirkung und Ziel ganz zu schweigen. Gerade bei einer Rede darf dies nicht passieren, weil der Aufbau selbst wichtiger Bestandteil der rhetorischen Technik ist.

(e) Oder sie sind sprachlich so schwierig, daß sie vereinfacht werden. Diese vereinfachten Fassungen können die intentionale Rede auf einen recht wenig intentionalen Bericht reduzieren[1].

2. Die Rede ‚Pro rege Deiotaro‘ im Unterricht

2.1 Umfang und Kürzungsmöglichkeiten

Die Ausgabe der Rede ‚Pro rege Deiotaro‘ in der Reihe ‚Exempla‘ versucht, den Problemen, die vorher genannt wurden, zu entgehen.

Die Rede ‚Pro rege Deiotaro‘ ist eine relativ kurze Rede (43 Paragraphen). Sie ist in manchen Partien sogar leichter als der Durchschnitt der anderen Reden

---

1 Statt der Lehrpläne der verschiedenen Bundesländer seien drei Handreichungen erwähnt, die Vorschläge zur Lektüre einer Cicerorede oder zu einem Rhetorikkurs auf der Mittelstufe machen: Staatsinstitut für Schulpädagogik und Bildungsforschung, München (Hg.): Handreichungen für den Lateinunterricht in den Jahrgangsstufen 8 bis 11, Band I: Prosa, Donauwörth 1984 (darin: J. Leretz: Lektüre von Ciceros Rede De imperio Cn. Pompei, S. 141—56); Landesstelle für Erziehung und Unterricht, Stuttgart (Hg.): Materialien zur Einführung neuer Lehrpläne. Handreichungen zum Lateinunterricht in S I, Heft L 28 (darin: K. F. Ruf: Pro rege Deiotaro, S. 3—5; ders.: Cicero, Philippica IV, S. 6—7); Kultusministerium Rheinland-Pfalz (Hg.): Lateinische Lektüre — Sekundarstufe I —, Mainz 1981 (Schulversuche und Bildungsforschung. Berichte und Materialien Bd. 35), darin H.-J. Glücklich: Reden und Beeinflussen, Selbsterkenntnis und Menschenkenntnis. Ein Rhetorikkurs für die 10. oder 11. Jahrgangsstufe, S. 81—95. — W. Stroh schlägt in seinem Vortrag „Worauf beruht die Wirkung ciceronischer Reden?“ — ungedruckt — vor allem folgende Reden als besonders geeignet vor, die Wirkung ciceronischer Redekunst erfahren zu lassen: „von Ciceros kurzen Reden ... vor allem die Rede pro Ligario und die divinatio in Caecilium..., von den längeren pro Caelio und, allen anderen voran, die Rede pro Milone"; er zeigt aber auch die Probleme, die mit diesen Reden verbunden sind; der Voraussetzungsreichtum etwa der Rede pro Caelio wird in seinem Buch ‚Taxis und Taktik. Die advokatische Dispositionskunst in Ciceros Gerichtsreden‘, Stuttgart 1975, S. 243—303 deutlich.
Zur Verbindung von Cicероreden und theoretischen Schriften vgl. auch N. Zink: Orator perfectus. Ciceroreden (am Beispiel der Ligariana) und die rhetorische Theorie, in: Der altsprachliche Unterricht XI/4, 1968, S. 25—46. — Die bearbeiteten Verrinen: Cicero gegen Verres. Anklage wegen Amtsmißbrauchs gegen einen römischen Provinzstatthalter. Ciceros Rede gegen Verres II 4,60—68; 72—83; 105—115, bearbeitet vom Kölner Arbeitskreis ‚Lateinische Anfangslektüre‘, Frankfurt a. M./Berlin/München 1975.

Ciceros und wird deswegen im Lehrplan des Landes Baden-Württemberg sogar zur Behandlung in der Mittelstufe empfohlen[2]. Allerdings enthält sie auch einige inhaltlich oder sprachlich schwierigere Passagen, etwa die §§ 9, 15, 17, 21, 23, 29, 30a, 34 und natürlich die einleitende Periode des Proömiums. Dennoch kann die Rede relativ rasch gelesen werden, wenn man einige Paragraphen in Übersetzung liest (wozu der Kommentar Anhaltspunkte gibt) oder wenn man einige Passagen inhaltlich referiert oder referieren läßt und entsprechend auf eine Übersetzung verzichtet.

Karlfriedrich Ruf[3] schlägt folgende Passagen zur Kürzung vor: § 7 *(sed antequam … venerunt);* § 8 *(affectum illum … insideret* und *per dexteram … viderunt);* § 9 *(numquam tu … usus esset);* § 10 *(ita cum … regum reliquisti);* § 13 *(ad eum … ad victoriae societatem* und *vel officio … esse duxit);* § 16 *(at credo … nota constantia* und *quod igitur … confingitis);* § 17 *(at quam … servus accuset);* § 19 *(tua te … discessisti);* §§ 20—23 ganz; § 24 *(addit etiam … fuisse arbitrarer);* § 28 *(itaque Deiotarum … concedere);* § 29 ganz; § 38 *(quo quidem … esse iussum);* §§ 41—42 ganz; § 43 *(quam ob rem … facinus iudices).*

Von diesen Vorschlägen zur Kürzung sind eine Reihe vertretbar und auch durch die Art der Kommentierung in der Textausgabe berücksichtigt. Unvertretbar erscheinen mir aber folgende Auslassungen: § 8 (der Satz bietet die Voraussetzung für das folgende); § 16 (die Charakterisierung des Deiotarus ist Fundament der Verteidigung und sich wiederholendes Motiv der Rede). Die meisten der ausgelassenen oder auslaßbaren Passagen müssen jedoch referiert werden, weil sie in den Text durch Konnektoren wie *enim* o. ä. integriert sind.

2.2 Inhaltliche Gründe für die Lektüre der Rede ‚Pro rege Deiotaro'

Die Rede ‚Pro rege Deiotaro' lehrt Verhaltensweisen gegenüber Mächtigeren und die Macht des Wortes und des geschickt vorgetragenen Arguments. Zudem werden in der Textausgabe konsequent der Aufbau und die Technik der Rede durch Zusatztexte und Aufgaben erläutert und erarbeitet. Die Begleittexte sind alle Ciceros Jugendschrift ‚De inventione' entnommen und mit Übersetzung abgedruckt. Auf diese Weise kann sich der Schüler text- und praxisbezogen in die Theorie einarbeiten, ohne daß das Übersetzen theoretischer Texte viel Zeit beansprucht und so von der zügigen Lektüre der Rede wegführt.

Demselben Ziel dient die Beschränkung der Arbeitsaufträge auf grundsätzliche Aufgaben zu den einzelnen Redeteilen, die dann variabel auf die einzelnen Paragraphen der Rede angewendet werden können.

Durch die Beschränkung der theoretischen Texte auf solche aus ‚De inventione' (mit wenigen Zusatzinformationen aus anderen Werken) ergibt sich ferner die Möglichkeit, ein weiteres Werk Ciceros relativ ausführlich kennenzulernen. Schließlich und vor allem kann man so Theorie und Praxis ein und desselben Autors vergleichen. Man kann verfolgen, wo Cicero der Theorie seiner Jugend-

---

2 Vgl. K. F. Ruf (s. Anm. 1).
3 S. Anm. 1.

schrift folgt und wo nicht und warum er es im einen Fall tut, im anderen nicht. Man kann so erkennen, daß sowohl die theoretische Lehre ihren Sinn hat als auch das Abgehen von der Lehre in der Praxis.

2.3 Kursarbeitsvorschläge

Wie in anderen Lehrerkommentaren dieser Reihe sei auch hier gesagt, daß in den Prozeß der Lernerfolgskontrolle nicht vom Autor des Lehrerkommentars eingegriffen werden kann, weil sie von vielen individuellen Voraussetzungen abhängt wie Gewichtung von Übersetzung und Interpretation, Fähigkeit der Lerngruppe, angestrebte Qualifikation in Grund- oder Leistungsfach, Ober- oder Mittelstufe. Als Passagen, die in einer Kursarbeit vorgelegt werden können, empfehlen sich — mit entsprechenden Arbeitsaufträgen (vgl. dazu im Textheft den Abschnitt A):

(a) Pro rege Deiotaro § 18 (83 Wörter)

Die Absurdität der Anklage des Castor und des Pheidippos

In seiner Verteidigungsrede für den König Deiotarus will Cicero zeigen, daß die Anklage gegen Deiotarus unglaubwürdig *(non credibiliter)* und ohne Verdachtsgrund *(ne suspiciose quidem)* ist. Die Anklage zitiert er so:
„Als du (Caesar) nach Blucium gekommen warst", sagt er (Pheidippos), „und in das Haus des Königs, deines Gastfreunds, eingekehrt warst, gab es dort einen bestimmten Raum, in dem die Dinge zusammengebracht waren, die dir der König als Geschenk zu verehren beschlossen hatte. Hierher wollte er dich aus dem Bad führen, bevor du dich zu Tische legtest. Es waren nämlich Bewaffnete an eben diesem Ort aufgestellt, damit sie dich ermordeten."
Cicero sagt nun zunächst, als er von dem Arzt als Zeugen gehört habe, habe er sofort daran gedacht, daß man Deiotarus wohl einen versuchten Giftmord in die Schuhe schieben wolle, wie das eben zu einem Arzt paßt. Dann fährt er fort:

[1]Quid ait medicus? [2]Nihil de veneno! [3]At id fieri potuit primum occultius in potione, in cibo; [4]deinde etiam impunius fit, quod — cum est factum — negari potest.
[5]Si palam te interemisset, omnium in se gentium non solum odia, sed etiam arma convertisset. [6]Si veneno, Iovis illius hospitalis numen numquam celare potuisset, homines fortasse celasset.
[7]Quod igitur et conari occultius et efficere cautius potuit, id tibi, et medico callido et servo — ut putabat — fideli, non credidit. [8]De armis, de ferro, de insidiis celare te noluit?

Daraus schließt Cicero: „Wie unbeschwert wird doch der Schuldvorwurf zusammengestrickt!"

(2) **venenum:** Gift. (3) **occultus:** verborgen *(freiere Übersetzung möglich).* **potio:** Trank. **cibus:** Speise. (4) **impunis, e:** straflos *(freiere Übersetzung nötig).* (5) **palam** *(Adv.):* offen, vor aller Augen. **interimere, ēmi:** aus dem Weg räumen. **convertere, verti:** wenden. (6) **si veneno:** *das Prädikat ist zu ergänzen.* **Iuppiter hospitalis:** Jupiter, der Schützer der Gastfreundschaft. **numen, numinis** *n.:* göttliche Macht. **celare aliquem de aliqua re:** j-m etw. verheimlichen, vor j-m etw. verbergen. **celasset:** *verkürzte Form.* (7) **conari:** unternehmen, vorbereiten. **callidus:** schlau, gewitzt. **fidelis:** treu. **credere, credidi:** anvertrauen. (8) **insidiae, arum:** Hinterhalt, Attentat.

Arbeitsaufträge:

I. Übersetzen Sie den lateinischen Text ins Deutsche.
II. (1) Aus welchem Teil der Rede stammt der Textabschnitt? Begründen Sie Ihre Antwort.
   (2) Erstellen Sie eine Satzabbildung nach dem Einrücksystem zu den Sätzen 1—4 *(At — potest),* 6 *(Si veneno — celasset)* und 7 *(Quod — credidit).*
   (4) In den Sätzen 5—8 erläutert Cicero zwei Gegensätze. Welche?
   (5) Den Sätzen 5—8 liegt das Schlußverfahren des Syllogismus zugrunde, und zwar in der verkürzten Form des Enthymems. Zeigen Sie in drei Schritten, daß Cicero die Behauptung ‚beweist‘: „Deiotarus kann den militärisch unerfahrenen Arzt Pheidippos nicht über ein geplantes Attentat aus dem Hinterhalt informiert haben.“
   (6) Nennen Sie Stilmittel und ihre Wirkung in den Sätzen 2, 5, 6, 7 und 8.

(b) Pro rege Deiotaro § 21 (92 Wörter)

Pheidippos — nie und nimmer Mitwisser eines angeblichen Attentatsplanes

Im Prozeß gegen den König Deiotarus versucht dessen Verteidiger Cicero nachzuweisen, daß der Arzt (und Sklave) Pheidippos unmöglich von Deiotarus zum Mitwisser eines geplanten Attentats gemacht worden sein kann (und daß deswegen die gegenteilige Behauptung des Pheidippos erlogen, also wohl auch überhaupt der Attentatsvorwurf erfunden ist). Im folgenden Textabschnitt faßt Cicero zunächst die wenigen Aussagen oder Anschuldigungen des Pheidippos zusammen. Er wendet sich in seiner Beweisführung an den Richter Caesar und spricht über Pheidippos (und den anderen Ankläger, Castor, den Enkel des Deiotarus). Erst im letzten Satz *(Cum igitur eos vinciret...)* spricht er Pheidippos an.

[1]Habes crimina insidiarum: nihil enim dixit amplius. [2]„Horum“ inquit „eram conscius.“ [3]Quid tum? [4]Ita ille demens erat, ut eum, quem conscium tanti sceleris habebat, ab se dimitteret, Romam etiam mitteret, ubi et inimicissimum sciret esse nepotem suum et C. Caesarem, cui fecisset insidias, praesertim cum is unus esset, qui posset de absente se indicare? [5]„Et fratres meos“, inquit, „quod erant conscii, in vincla coniecit.“ [6]Cum igitur eos vinciret, quos secum habebat, te solutum Romam mittebat, qui eadem scires, quae illos scire dicis?

Vokabelhilfen:

(1) **crimen**, criminis *n.:* Anschuldigung, Anklagepunkt. **insidiae**, arum: Nachstellung, Hinterhalt. (2) **conscius:** Mitwisser. (4) **ille** *meint* Deiotarus. **Romam:** *Zielakkusativ.* **nepos** *meint Castor.* **indicare:** aussagen, anzeigen (de + *Abl.:* j-n). (5) **in vinc(u)la conicere,** icio, ieci, iectum: in Fesseln legen, *d. i.:* ins Gefängnis werfen. (6) **vincire:** fesseln, gefangen halten. **solvere,** solvi, solutum: lösen, befreien, freilassen. **quae illos scire dicis:** *relativische Verschränkung,* quae *ist Objekt im A. c. i.* illos scire, *schließt aber das Hauptprädikat* dicis *an, von dem es nicht direkt abhängt; i. D. freiere Übersetzung notwendig.*

Arbeitsaufträge:

I. Übersetzen Sie den lateinischen Text ins Deutsche.

II. (1) Erstellen Sie Satzabbildungen nach dem Einrücksystem zu den Sätzen 4 *(Ita ille demens erat … indicare)* und 6 *(cum igitur … dicis).*

(2) Erklären Sie die Tempusverwendung in folgenden Prädikaten: (a) *dixit,* (b) *habebat,* (c) *coniecit,* (d) *mittebat.*

(3) Erklären Sie die Konjunktivverwendung in folgenden Prädikaten: (a) *dimitteret,* (b) *sciret,* (c) *fecisset,* (d) *posset,* (e) *vinciret,* (f) *scires.*

(4) Der Beweisführung liegt unausgesprochen das Schlußverfahren des Syllogismus bzw. des Enthymems zugrunde. Zeigen Sie die Schritte zum Beweis „Deiotarus kann Pheidippos nicht zum Mitwisser eines Attentatsplans gemacht haben".

(5) Wieso kann es sich Cicero leisten, hier ohne tatsächlichen Gegenzeugen den Schuldvorwurf zurückzuweisen?

(6) Schildern Sie zusammenfassend Ciceros Verfahrensweise in diesem Redeabschnitt.

(c) Pro rege Deiotaro § 30 (90 Wörter)

Die Anklage Castors verletzt alle Grundlagen des menschlichen Zusammenlebens

In seiner Verteidigungsrede für den König Deiotarus geht Cicero — innerhalb der Argumentation (Beweisführung) — auch auf die Unterschiede zwischen Deiotarus und seinem Enkel Castor ein. Castor hätte sich Deiotarus zum Vorbild nehmen sollen. Castor habe mit seinen Reitern im Heer des Pompeius, Caesars Gegner im Bürgerkrieg, gedient, kriegslüstern auch noch nach der Niederlage der Pompejaner bei Pharsalus. Deiotarus aber habe trotz seinem hohen Alter die Mühe auf sich genommen, danach auf Caesars Seite zu kämpfen. Trotzdem sei Castor und seiner Familie von Caesar verziehen worden. Jetzt sei Castor nicht zufrieden mit diesem Glück, sondern brauche auch noch das Unglück seiner Verwandten, um zufrieden zu sein.

Nachdem er das Ausmaß des Hasses Castors auf Deiotarus festgestellt hat, bringt er folgendes Argument gegen die Klage und für Deiotarus:

[1]Esto! [2]Concedatur haec quoque acerbitatis et odii magnitudo: adeone, ut omnia vitae salutisque communis atque etiam humanitatis iura violentur? [3]Servum sollicitare verbis, spe promissisque corrumpere, abducere domum, contra do-

minum armare: hoc est non uni propinquo, sed omnibus familiis nefarium bellum indicere. [4]Nam ista corruptela servi si non modo impunita fuerit, sed etiam a tanta auctoritate approbata, nulli parietes nostram salutem, nullae leges, nulla iura custodient. [5]Ubi enim id, quod intus est atque nostrum, impune evolare potest contraque nos pugnare, fit in dominatu servitus, in servitute dominatus.

Vokabelhilfen:

(1) **esto:** es soll sein, sei's drum! (2) **acerbitas:** Bitterkeit. **adeo:** so sehr. **violare:** verletzen, vergewaltigen. (3) **sollicitare:** aufregen, aufwiegeln. **promissum:** Versprechen. **abducere domum:** zu sich ins Haus nehmen, in sein eigenes Haus entführen. **armare:** ausrüsten, bewaffnen. **propinquus:** Verwandter. **familia:** ‚Familie‘, *die Gesamtheit aller Personen, die einem* pater familias *(Familienvater) und* dominus *(machtausübender Herr) unterstehen.* **nefarius:** ruchlos, scheußlich. (4) **corruptela:** Verführung, Bestechung. **impunitus:** unbestraft. **approbare:** gutheißen. **paries, etis** *m.:* Wand. (5) **intus:** drinnen. **nostrum** *svw.:* unser Eigenes, Privates. **impune** *(Adv.):* straflos. **evolare:** hinausdringen. **dominatus, us:** Herrschaft. **servitus, tutis** *f.:* Sklaverei.

Arbeitsaufträge, Version 1:

I. Übersetzen Sie den Text ins Deutsche.
II. Bearbeitung der folgenden Fragen:
    (1) Was soll nach Ciceros Absicht Caesar bewegen, den Prozeß überhaupt niederzuschlagen?
    (2) Welche inhaltlichen Mittel (sachlichen Tricks) wendet Cicero an,
        (a) um vom Prozeßgegenstand wegzuführen,
        (b) um Caesars Bedeutung oder Verantwortung hervorzuheben?
    (3) Welche stilistischen Mittel erkennen Sie und wie deuten Sie sie im Zusammenhang?
    (4) Erklären Sie den Schluß und nehmen Sie dazu Stellung.

Arbeitsaufträge, Version 2 (mit vorgeschalteter Texterschließung):

(1) Wie werden die Begriffe der Ausgangsbehauptung *ut omnia vitae salutisque communis atque etiam humanitatis iura violentur* im Text wieder aufgenommen?
    Muster: (a) *vita* wird wieder aufgenommen in ...; (b) *salus* wird usw.; (c) *communis;* (d) *humanitas;* (e) *omnia;* (f) *iura;* (g) *violare.*
(2) Erstellen Sie eine Satzabbildung nach dem Einrücksystem zum vorletzten *(Nam ista ... custodient)* und zum letzten Satz *(Ubi enim ... dominatus).*
(3) Übersetzen Sie den Text ins Deutsche.
(4) Zur Kunst des Redners gehört es, in dem speziellen Fall eine größere Dimension, die allgemeine Bedeutung, zu zeigen.
    (a) Zeigen Sie dies am vorliegenden Text.
    (b) Warum ist diese Ausweitung wirkungsvoll?
(5) Nennen Sie aus dem Text jeweils ein Beispiel für die folgenden stilistischen Erscheinungen und zeigen Sie jeweils die inhaltliche Wirkung:
    (a) Hyperbaton; (b) Hendiadyoin; (c) Klimax; (d) Homoioptoton;
    (e) Asyndeton; (f) Alliteration; (g) Anapher; (h) Antimetabole.

(6) Wieso ist der letzte Satz *(Ubi enim … dominatus)* Beweis für die Ausgangsbehauptung *(ut omnia … violentur)*?

(7) Würdigen Sie den letzten Satz in seiner Bedeutung, möglichst unter Berücksichtigung der heutigen Gerichtspraxis.

(d) Pro rege Deiotaro § 31 (49 Wörter)

Castors Klage — Zeichen für den Niedergang der Moral

Seinem Prozeßgegner Castor hält Cicero in seiner Verteidigungsrede für den König Deiotarus als historisches Gegenbeispiel vor, wie Cnaeus Domitius im Prozeß gegen Marcus Scaurus einen Sklaven behandelt hat, der gegen Scaurus aussagen wollte (Castor bringt ja den Arzt des Deiotarus, also einen Sklaven, als angeblichen Zeugen zur Verhandlung):

O tempora, o mores! Cn. Domitius ille, quem nos pueri consulem, censorem, pontificem maximum vidimus, cum tribunus plebis M. Scaurum, principem civitatis, in iudicium populi vocavisset Scaurique servus ad eum clam domum venisset et crimina in dominum delaturum se esse dixisset, prendi hominem iussit ad Scaurumque deduci.

Vokabelhilfen:

consul, is *m.:* Konsul, *zusammen mit einem Kollegen oberster ziviler und militärischer Führer.* **censor**, oris *m.:* Zensor, *zuständig für Steuerschätzung und Prüfung des Lebenswandels der römischen Bürger.* **pontifex** (pontificis) **maximus:** Oberpriester *(eigtl. größter Brückenbauer, zuständig für Kult und Religion des römischen Staates).* **prīnceps**, cipis *m.:* Führer, Vorsteher. **aliquem in iudicium alicuius vocare:** j-n vor j-s Urteil rufen, d. i. j-n bei j-m anklagen. **domum:** nach Hause, ins Haus. **deferre**, detuli, delatum: anzeigen. **prendere,** prendi, prensum: ergreifen. **deducere:** zurückbringen.

Arbeitsaufträge:

(1) Umrahmen Sie im obigen Text alle unterordnenden Konnektoren und unterstreichen Sie alle Verbalinformationen; geben Sie zu diesen jeweils an, ob sie selbständig formuliert sind (S) oder bezogen (B).

(2) Setzen Sie alle Bestandteile von A. c. i. (Akkusativen mit Infinitiven) in eckige Klammern.

(3) Erstellen Sie eine Satzbildung nach dem Einrücksystem (mit Einrahmungen und Kennzeichnungen HS, GS_1 usw.).

(4) Finden Sie zwei Wortfelder in dem obigen Satz. Geben Sie ihnen jeweils eine zusammenfassende Bezeichnung und führen Sie dann alle Wörter des Wortfeldes auf (5 + 3 Wörter).

(5) Formulieren Sie eine Regel über die Stellung von *cum*-Sätzen und erläutern Sie sie mit einem Beispiel.

(6) Übersetzen Sie den obigen Satz auf zwei Arten:
  (a) in mehreren Hauptsätzen;
  (b) mit Nachahmung der Unterordnungen des Lateinischen.

(7) Wie versucht Cicero, seinem Zuhörer Caesar zu suggerieren, daß das Verhalten des Cn. Domitius beispielhaft ist?

(e) Pro rege Deiotaro § 15 oder § 16

Vgl. dazu die Ausführungen in den Einzelinterpretationen.

II. Gesamtinterpretation

0. Vorbemerkung

Cicero hat seine Rede ‚Pro rege Deiotaro‘ selbst als eine Rede bezeichnet, deren Gegenstand einfach und dürftig sei und keiner großartigen Ausarbeitung würdig (Brief an Dolabella vom Dezember 44, *Epistulae ad familiares* IX 12,2: *causam tenuem et inopem nec scriptione magno opere dignam*). Er muß es selbst am besten gewußt haben, auch wenn man in der zitierten Selbstbeurteilung Bescheidenheit in Rechnung stellen muß. Was hätte in einem Prozeß wie dem gegen den König Deiótarus auch zur Verteidigung ernsthaft vorgebracht werden können? Entweder hat König Deiótarus zwei Attentate auf Caesar geplant oder versucht, oder er hat es nicht getan. Wenn ja, dann kann die Strategie nur die sein: alles bestreiten und so tun, als wäre Deiótarus unschuldig und die Kläger versuchten, Deiótarus mit dieser Klage aus der Bewerbung um Pergamon auszuschalten. Wenn nein, wie kann man dann den ausgeklügelten Vorwurf entkräften? Zeugen, die bekräftigen, daß Deiótarus nie ein Attentat geplant habe, kann es nicht geben. Es kommt also in jedem Fall, darauf an,

— daß Deiótarus so dargestellt wird, daß man ihm die Planung eines Attentats auf Caesar nicht zutraut,

— daß die Kläger als schlechte Menschen dargestellt werden, die persönliche Feindschaften mit Deiótarus austragen,

— daß die Anklage als in sich widerspruchsvoll oder unglaubwürdig erwiesen wird,

— daß schließlich der Richter Caesar zur Überzeugung gelangt, ein Freispruch bzw. eine Abweisung der Klage diene ihm mehr als eine Verurteilung.

Diese Taktik zeigt sich in vielfachen Varianten in allen Teilen der Rede, in dem Proömium (§§ 1—7), in der die Narratio ersetzenden Überleitung (§§ 7b—14), in der Argumentatio (§§ 15—34) und in der Peroratio (§§ 35—43). Eine Narratio enthält die Rede nicht. Es gibt keine Tat, also kann es auch keine Erzählung vom Hergang der Tat geben. Und die angebliche Planung der Tat haben sicher schon die Kläger vorgetragen. Kein Grund, dies noch einmal vorzutragen, so daß es vielleicht doch nicht im Zusammenhang überzeugt. Viel sinnvoller, die einzelnen Teile der gegnerischen Schilderung sofort zu zerpflücken.

1. Exordium (§§ 1—7)

1.1 Textgrammatische Darstellung der §§ 1—7

Das Proömium stellt Ciceros angebliche Verwirrung in den Vordergrund. Eine schwierige Situation ist sicher vorhanden — vgl. die Einleitung zur Textausgabe 1.3 —, aber Cicero versteht es, aus ihr dennoch rhetorisches Kapital zu schlagen — daher die Qualifizierung als ,angebliche' Verwirrung.

Das Wortfeld ,innere Bewegung, Angst, Verwirrung' ist stark vertreten:

§ 1: *commoveri... vehementius; multa me perturbant; tantum facultatis timor detrahat; est ita inusitatum...;*

§ 2: *... cogor; conturber;*

§ 3: *dolebam ... extimescebam;*

§ 4: *perturbat me ... illud ..., quod tamen ... timere desino; dicere ... grave est; ... hunc mihi metum minuit; non ... tam timeo ...*

§ 5: *moveor; ... acquiesco; quae mihi ad spem obtinendae veritatis gravissima sunt, ad motum animi et ad omnem impetum dicendi contentionemque leviora;*

§ 6: *... si ..., quantam mihi alacritatem ... adferret! Quis ... non faveret...*

§ 7: *... actio ... debilitatur; quid mihi nunc animi sit; quo facilius ... minuat hanc perturbationem meam.*

Der mit *me perturbant* begonnene Abschnitt schließt mit *perturbationem meam*.

Die Gründe der Verwirrung sind viele, darunter auch solche, die zu nennen riskant ist, weil der Anwalt sich die Geneigtheit des Richters für seine Sache verscherzen und erst recht die Gewogenheit des mit dem Richter identischen Diktators grundsätzlich verlieren kann. Deswegen werden die Gründe so angeordnet, daß zuerst die Integrität des Angeklagten, dann die Verworfenheit der Kläger genannt und diese Nennung ins allgemeine erweitert wird. Erst dann kommt Cicero auf die Identität des Richters mit dem angeblichen Opfer und mit dem Diktator zu sprechen — was er durch weitere rhetorische Mittel mildert. Diesen Punkt verläßt er sodann, um sich über den Gerichtsort auszulassen (obwohl auch dies eigentlich ein Punkt ist, der die Person des Richters betrifft). Er läßt sich lang und breit über die Wirkung der Umgebung aus, und so gelingt es ihm schon umfangsmäßig, den schwierigsten Punkt in der Mitte mehr zusammenzudrängen und fast zu verstecken als zu betonen.

Übersicht über das Exordium

§ 1a Allgemeine und aktuelle Betonung seines Lampenfiebers und seiner Verunsicherung

§ 1b *1. Grund der besonderen Verwirrung:*
Ungewöhnlichkeit des Klageinhalts

(a) § 1

Mit einem weit ausholenden Vergleich beginnt Cicero seine Rede.

Die *Satzerschließung* kann langsam nach folgender Methode erfolgen[4]: Alle Verbalinformationen werden als potentielle Satzkerne unterstrichen und mit S (= selbständig, Hauptsatzprädikat) oder B (= bezogen, Gliedsatzprädikat bzw. Verbalinformation in einer eingebetteten, satzwertigen Struktur wie A. c. i., Ablativ + Prädikativum, -nd-Fügungen, Infinitive) bezeichnet, unterordnende Konjunktionen werden umrahmt (weil so die Bezogenheit bestimmter Verbalinformationen ersichtlich wird):

Cum in omnibus causis gravioribus, C. Caesar, initio dicendi commoveri soleam vehementius, quam videtur vel usus vel aetas mea postulare, tum in hac causa ita multa me perturbant, ut, quantum mea fides studi mihi adferat ad salutem regis Deiotari defendendam, tantum facultatis timor detrahat.

Die einzelnen Abschnitte des Satzes lassen sich — eventuell nach vorheriger Findung semantischer Schwerpunkte — inhaltlich erschließen und dann syntaktisch einordnen. Danach ist eine Darstellung des Satzes nach einem anderen Abbildungssystem möglich und sinnvoll, zum Beispiel nach dem Einrück- oder nach dem Kolumnensystem[5]:

---

4   Vgl. H.-J. Glücklich: Satz- und Texterschließung, in: Der altsprachliche Unterricht XXX/1, 1978, S. 5—32, bes. S. 8—11 und 32.

5   Vgl. M. Krüger/G. Hornig: Methodik des altsprachlichen Unterrichts, Frankfurt a. M./ Berlin/Bonn 1963, S. 102 und H. Steinthal: Graphische Zeichen zur Verdeutlichung des lateinischen Periodenbaus, in: Anregung 16, 1970, S. 376—383. Zusammenfassende Darstellungen zu verschiedenen Methoden der Satzabbildung bei H.-J. Glücklich: Lateinunterricht. Didaktik und Methodik, Göttingen 1978, S. 71 f. (kurz) und bei F. Maier: Lateinunterricht zwischen Tradition und Fortschritt, Bd. 1. Zur Theorie und Praxis des lateinischen Sprachunterrichts, Bamberg 1979, S. 205—210 (ausführlich).

Einrücksystem:

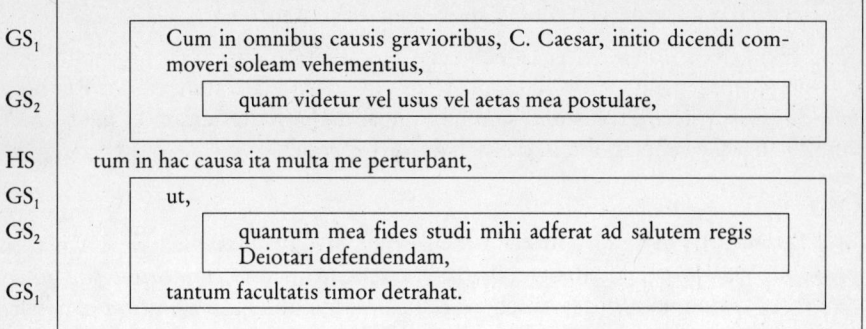

GS₁	Cum in omnibus causis gravioribus, C. Caesar, initio dicendi commoveri soleam vehementius,
GS₂	quam videtur vel usus vel aetas mea postulare,
HS	tum in hac causa ita multa me perturbant,
GS₁	ut,
GS₂	quantum mea fides studi mihi adferat ad salutem regis Deiotari defendendam,
GS₁	tantum facultatis timor detrahat.

Kolumnensystem:

HS	GS₁	GS₂
	cum in omnibus causis gravioribus, C. Caesar initio dicendi commoveri soleam vehementius	quam videtur vel usus vel aetus mea postulare,
tum in hac causa ita multa me pertubant,	ut,	quantum mea fides studi mihi adferat ad salutem regis Deiotari defendendam,
	tantum facultatis timor detrahat.	

Im ersten Vergleichsteil spricht Cicero *(solea-m, mea)* Caesar an und sagt Grundsätzliches zu seinem Verhalten in allen schwierigeren Prozessen: Er ist in ihnen am Anfang seiner Rede gewöhnlich heftiger bewegt (hat mehr Lampenfieber), als es möglicherweise zur Erfahrung und zum Alter des Redners paßt. Im zweiten Teil spezialisiert er diese allgemeine Feststellung auf den vorliegenden Prozeß und nimmt entsprechend die Wortfelder ‚Prozeß/Reden‘ und ‚Emotionen‘ wieder auf. Aus dem Plural *in omnibus causis gravioribus* wird *in hac causa;* die *causa* wird dann noch genauer spezifiziert: *ad salutem regis Deiotari defendendam;* die Redekunst erscheint in *studi* und *facultatis;* die Person des Redners erscheint mehrfach in *me, mea, mihi;* das Übliche *(soleam)* wird in *hac* und *ita multa* gesteigert; die Emotionen *(commoveri)* kehren in *perturbant, fides, timor* wieder.

Aus dem ersten Satz und aus dem Beginn des zweiten *(primum)* lassen sich das Thema des Folgenden und die textsemantischen und textsyntaktischen Untersuchungskriterien finden:

— man hat eine Gliederung zu erwarten und muß auf entsprechende Gliederungszeichen achten (schon *multa* in § 1 weist darauf hin, später zeigt sich, daß zusätzlich Begründungen eingefügt werden);

17

— man hat auf die Kennzeichnungen von Redner, Angesprochenem und Besprochenem zu achten (besprochene Personen und Sachen);
— man hat auf die dargestellten Emotionen zu achten.

Die Übersicht auf den Seiten 20/21 zeigt eine diesen Kriterien im großen und ganzen entsprechende Aufstellung, läßt aber die Kennzeichnungen des Redners und des Besprochenen aus und sammelt die anderen Kriterien unter deutlichen inhaltlichen Gesichtspunkten, die sich aus § 1 ergeben.

(b) § 1 b

In § 1b wird der erste Grund der Verwirrung genannt. Das gliedernde Wort ist *primum*. Das Wortfeld ,Reden, Prozeß' erscheint in *dico, pro capite (fortunisque regis), iniquum est* (das durch — *etsi* — *tamen* mit *ita inusitatum* parallelisiert wird), *reum capitis esse*. Das Wortfeld ,Verwirrung' erscheint in *periculo, inusitatum, ante hoc tempus non sit auditum*. Erster ungewöhnlicher und verwirrender Punkt des Prozesses ist also, daß ein König angeklagt ist auf Leben und Vermögensentzug.

(c) § 2 a

In § 2a wird der zweite Grund der Verwirrung genannt. Das gliedernde Wort ist *deinde*. Das Wortfeld ,Reden, Prozeß' erscheint in *contra atrocissimum crimen (cogor) defendere*. Das Wortfeld ,Verwirrung' erscheint vielleicht in *cogor* und *atrocissimum* und im Gegensatz *ornare antea cuncto cum senatu ... meritis* — *nunc contra ...* Als neues Wortfeld erscheinen nach § 1 b *rex (eum regem)* und aus dem Bereich ,Prozeß' *crimen, defendere* mit dem Gegensatz *ornare, meritis*. Der Gegensatz macht den zweiten ungewöhnlichen und verwirrenden Punkt des Prozesses deutlich. Der früher wegen seiner Verdienste um Rom von Cicero und dem gesamten Senat geehrte Deiotarus muß nun von Cicero gerade gegen den Vorwurf des scheußlichsten Verbrechens verteidigt werden.

(d) §§ 2b—3

§§ 2b—3 nennen den dritten Grund der Verwirrung, die Grausamkeit der Kläger. Der gliedernde Ausdruck ist *accedit, ut*. Das Wortfeld ,Reden, Prozeß' erscheint in *accusatorum, dicam, in capitis discrimen induxerit, tueri et tegere, ab scelere duxerit, ad accusandum (impulerit), (fugitivi) accusantis os, verba, accuset*. Das Wortfeld ,Affekt, Verwirrung' erscheint in *conturber, dolebam, extimescebam*. Als neues Wortfeld erscheint ,Grausamkeit' und ,Unwürdigkeit'. Das eine wird dem Ankläger Castor zugewiesen, das andere Pheidippos. Sie werden zunächst mit *alterius ... alterius* umschrieben. Castor wird dann beim Namen genannt, Pheidippos, der Arzt des Deiotarus, wird — zutreffend — als Sklave bezeichnet, nicht mit Namen genannt, sondern mit den Ausdrücken *(avi) servum, fugitivi* umschrieben; an sie schließt sich der allgemein alle Sklaven meinende Ausdruck *de servo* an; dann umschreibt noch einmal *servus, qui...* Pheidippos.

Zum Wortfeld ,Grausamkeit' gehören: *crudelitate, crudelis*, gesteigert *(ne dicam)* in *sceleratum et impium*, was in *ab impietate et ab scelere (commendatio-*

nem duxerit), (adulescentiaeque suae) terrorem intulerit (ei, cuius ... debebat), (commendationem ...) ab impietate et ab scelere duxerit ausgeführt wird.

Hier geht das Wortfeld ‚Grausamkeit' in das Wortfeld ‚Gericht' über, wiewohl mit *scelere* noch das Verbrechen Castors gemeint ist. Aber schon wird nahegelegt: Ein Verbrecher ist Kläger, eigentlich müßte er der Angeklagte sein. In § 2 gegen Ende wird denn auch das Gerichtsvokabular wieder aufgenommen (*ad accusandum*, s. o.).

§ 3 führt außer den Wortfeldern ‚Grausamkeit' und ‚Kläger' auch das der Verwirrung weiter. Der Fall wird auf seine allgemeine Bedeutung hin untersucht, entsprechend kommt auch das Wortfeld ‚Staat' zur Sprache: *dominum amicissimum nostrae rei publicae, de fortunis communibus extimescebam*. Die Grausamkeit der Kläger läßt Cicero um aller Römer Vermögen fürchten, vierter Grund seiner Verwirrung.

(e) § 4

Nachdem Cicero die Kläger von allen Römern getrennt, Deiotarus aber auf die Seite der Römer gestellt hat, kommt er zum 5. Grund seiner Verwirrung: Angebliches Attentatsopfer und Richter sind identisch in der Person Caesars. In verschlungenen, vielfach austarierten Formulierungen stellt Cicero dieses Faktum allgemein dar, die Überwindung des Faktums durch Caesars gute Eigenschaften jedoch individuell auf Caesar bezogen (vgl. die Übersicht S. 20/21).

(f) §§ 5—7

In den §§ 5—7 wird als 6. Grund von Ciceros Verwirrung die Ungewöhnlichkeit des Gerichtsortes genannt. Das Wortfeld ‚Angst/Affekte' ist entsprechend vertreten und mit der Nennung einer Vielzahl von Redehemmnissen verbunden (vgl. die Übersicht S. 20/21, rechte Spalte). Dem wird eine noch größere Menge an Redeverstärkern gegenübergestellt (vgl. die Übersicht), zunächst hypothetische — wenn Cicero auf dem Forum reden könnte —, dann aktuelle, wirkliche: Caesars Verpflichtung (*tuum est ... referre*) und Caesars Eigenschaften (*quo facilius ... meam*). Auf diese Festlegung Caesars durch alle Umstände läuft das Exordium hinaus.

1.2 Rhetorische und inhaltliche Interpretation der §§ 1—7

Mit dem Exordium seiner Altersrede ‚Pro rege Deiotaro' entspricht Cicero voll den Forderungen seiner Jugendschrift ‚De inventione' aus dem Jahr 81 v. Chr. (über sie vgl. Textausgabe E 2 e und f, B 2 II B).

Cicero vertritt eigentlich eine *causa admirabilis*, eine Sache, „die das Rechtsempfinden des Publikums schockiert"[6] — ein Attentat auf den Herrscher muß auf Ablehnung stoßen bzw. stößt natürlich bei dem Herrscher, der zugleich Richter ist, auf Ablehnung (vgl. § 4). Cicero kann die (angeblichen) Attentats-

---

6 So H. Lausberg: Handbuch der literarischen Rhetorik. Eine Grundlegung der Literaturwissenschaft, Bd. 1, München 1960, S. 58 (§ 64 Nr. 3).

Ciceros Vertrauen in Caesar — und viele Prozeßumstände, die seine Redekunst beeinträchtigen

§	Gliederungs-zeichen	Prozeßgegenstand	Vertrauen in Caesar Redeverstärker	Angst und Redehemmnisse
1		in hanc causa multa	*quantum* mea fides studi mihi adferat ad salutem regis Deiotari defendendam	perturbant *tantum* facultatis timor detrahat
	primum	pro capite fortunisque regis (dico) – regem reum capitis esse –	*etsi* non iniquum est in tuo dumtaxat periculo	*tamen* est ita inusitatum..., ut ante hoc tempus non sit auditum
2	deinde	eum regem, quem	ornare *antea* cuncto cum senatu solebam pro perpetuis eius in nostram rem publicam meritis	*nunc* contra atrocissimum crimen cogor defendere
2b	accedit, ut	accusatorum alterius crudelitate alterius indignitate crudelis Castor ... qui ... adduxerit intulerit duxerit impulerit abduxerit		conturber
3		fugitivi autem, cum os videbam, cum verba audiebam	*non tam* ... dolebam	*qam* de fortunis communibus extimescebam

4	etiam	illud	nam dicere apud eum de facinore, contra cuius vitam consilium facinoris inisse arguare,	quod *tamen*, cum te penitus recognovi, timere desino *sed tua* ... praestans singularisque natura hunc mihi metum minuit non enim *quam* intellego, quid de te ceteros velis iudicare	perturbat me cum *per se ipsum* consideres, grave est; nemo enim ... *tam* timeo, quid tu de rege Deiotaro,
5	etiam	loci ipsius insolentia		in tuis oculis, in tuo ore voltuque acquiesco, te unum intueor, ad te unum omnis spectat oratio quae mihi ad spem obtinendae veritatis *gravissima* sunt	moveor quod tantam causam... dico intra domesticos parietes, dico extra conventum et eam frequentiam, in qua oratorum studia niti solent ad motum animi et ad omnem impetum dicendi contentionemque *leviora*
6			hanc enim causam ... si in foro dicerem	(eodem audiente et disceptante te) quantam mihi alacritatem ... adferret!	quae quoniam angustiora parietes faciunt actioque maximae causae debilitatur loco
7				Quis enim civis ... non faveret? Spectarem curiam intuerer forum caelum testarer sic cum recordarer, nullo modo mihi deesse posset oratio tuum est, Caesar, qui..., ad te ipsum referre, quo facilius cum aequitas tum audiendi diligentia minuat	hanc pertubationem meam

versuche auch nicht mit der unangenehmen Person des Herrschers und Opfers rechtfertigen und so die *causa admirabilis* zur *causa honesta* machen — ist dieser Herrscher doch gleichzeitig der Richter im Prozeß. Also findet er einen anderen Weg, die *causa admirabilis* zu einer *causa honesta* zu machen, zu einer Sache, „die mit dem allgemeinen Wert- und Wahrheitsempfinden des Publikums voll" übereinstimmt.[7]

Entsprechend der Art des Falles beginnt Cicero nicht mit einem direkten Einstieg in den Fall, sondern mit dem „Einstieg durch die Hintertür", der „Einschmeichelung" *(insinuatio).*

„Die *insinuatio* verwendet vor allem die Mittel, die den Hörer wohlwollend machen sollen. Das Unterbewußtsein der Hörer soll in einem günstigen Sinne beeinflußt werden. Langsam sollen sie der Person des Verteidigten und seiner Sache Sympathie entgegenbringen. Alle Punkte, die irgendwie für den Angeklagten und seine Sache sprechen können, müssen dazu den Hörern ins denkbar günstigste Licht gerückt werden." (Vgl. Cicero, *de inventione* 1, 17, 23—25 und Textausgabe B 2 IIC.)

Die Analyse der Reihenfolge und der Gestaltung der Argumente im Exordium hat bereits gezeigt, daß Cicero diese Ziele verfolgt. Dies bestätigt sich, wenn man untersucht, wie Cicero seine Maximen aus ,De inventione' im Exordium der Rede *pro rege Deiotaro* tatsächlich genau anwendet, um — wichtigstes Ziel des Exordium im *genus admirabile* — das Wohlwollen des Richters zu gewinnen *(iudicem benevolum parare).*

„Wohlwollen verschafft man sich aus vier Gegenstandsbereichen: aus unserer Person, aus der Person der Gegner, aus der Person der Richter, aus der Sache", heißt es *de inventione* 1, 16, 22. Dies wird genau ausgeführt.

(a) Wohlwollen aufgrund unserer Person verschaffen wir uns
— wenn wir über unsere Taten und Leistungen ohne Überheblichkeit sprechen — man vergleiche dazu

§ 2a *eum regem, quem ornare antea cuncto cum senatu solebam pro perpetuis eius in nostram rem publicam meritis;*

§ 3a *dominum amicissimum nostrae rei publicae;*

§ 6 *quis enim civis ei regi non faveret, cuius omnem aetatem in populi Romani bellis consumptam esse meminisset?*

— wenn wir Anschuldigungen, die erhoben worden sind, und einige weniger ehrenhafte Verdächtigungen ... in nichts auflösen; — man vergleiche dazu

§ 1b *inusitatum — regem reum capitis esse —, ut ante hoc tempus non sit auditum ... eum regem, quem ornare antea .. solebam pro perpetuis eius in nostram rem publicam meritis;*

§ 2b *qui nepos avum in capitis discrimen adduxerit ..., avi servum ... a legatorum pedibus abduxerit;*

§ 3 *dominum amicissimum nostrae rei publicae;*

— wenn wir vortragen, welche Nachteile uns zugestoßen sind oder welche Schwierigkeiten bevorstehen — man vergleiche dazu das gesamte Exor-

---

7 So Lausberg a.a.O. (vgl. Anm. 6), S. 57 (§ 64 Nr. 1).

dium, insbesondere das Vokabular der Angst und der Verwirrung sowie die in der Übersicht S. 15 f. aufgeführten sechs Punkte der besonderen Verwirrung;

— wenn wir Bitten und Flehen in niedergeschlagener und demütiger Form anwenden — man vergleiche dazu das Wortfeld ‚Verwirrung‘ (s o. S. 15) und die Schlußbitte in § 7: *Quae quoniam angustiora parietes faciunt …, tuum est, Caesar, …, quid mihi nunc animi sit, ad te ipsum referre, quo … minuat hanc perturbationem meam.*

(b) Wohlwollen aufgrund der Person der Gegner verschaffen wir uns,

— wenn wir sie zum Gegenstand
    — entweder des Hasses (vgl. dazu § 2: *crudelis…, qui … adulescentiae … suae terrorem intulerit ei, cuius senectutem tueri et tegere debebat*, Grausamkeit und Überheblichkeit werden gezeigt)
    — oder der Mißgunst (vgl. dazu die Darstellung, daß der Enkel den Großvater bedroht, § 2, daß er ein jugendlicher Gewalttäter ist (*adulescentiae terror*, § 2), daß er wohl mit Geld besticht (*corruptum*, § 2) und daß die Verwendung des bestochenen Sklaven das gesamte Staatsgefüge bedroht, § 3)
    — oder der Verachtung machen (vgl. die Anspielungen und Unterstellungen in *fugitivi autem … audiebam*, § 3, — Pheidippos ist einfach unverschämt und frech — und in *ineuntis aetatis*, § 2, — Castor ist jung und verwegen).

(c) Wohlwollen aufgrund der Person der Richter erjagt man sich,
— wenn man Dinge vorträgt, die sie entschlossen, weise, menschenfreundlich ausgeführt haben (vgl. zu ‚entschlossen‘ § 4: *quid de te ceteros velis iudicare*; zu ‚weise‘ § 4: *sed tua sapientia fit aequissimum*; zu ‚menschenfreundlich‘ § 7: *qui pro multis saepe dixisti*),
— und zwar ohne dabei zu viel liebedienerische Zustimmung zu zeigen (vgl. dazu den gesamten § 4 in seiner Gegensätzlichkeit und ebenso § 7),
— und wenn man deutlich macht,
    — eine welch ehrenvolle Meinung man von ihnen hat (vgl. § 4a: *cum te penitus recognovi, timere desino*, 4b: *tua … praestans singularisque natura*)
    — und wie groß die Erwartung an ihre Urteilskraft und ihre persönliche Autorität ist (vgl. § 5: *in tuis oculis, in tuo ore voltuque acquiesco, te unum intueor, ad te unum omnis spectat oratio*; § 7: *tuum est…, quid mihi nunc animi sit, ad te ipsum referre*; § 7: *cum aequitas tua tum audiendi diligentia*).

(d) Wohlwollen aus den Sachumständen verschaffen wir uns,
— wenn wir unsere Sache durch Lob in die Höhe heben — das erfolgt in dieser Rede durch Hervorhebung der Schwierigkeiten der Verteidigung *(passim)*, durch Lob der Verdienste des Deiotarus (§§ 2 und 6), durch Betonung, daß der Fall von grundsätzlicher Bedeutung für das Sozialgefüge Roms ist (§ 3) —,

23

— wenn wir die Sache der Gegner aber durch Verächtlichmachung zu Boden drücken — das geschieht in den §§ 2—3.

Auch einige Mittel, Aufmerksamkeit zu gewinnen, die Cicero in ‚De inventione' empfiehlt und die in der Textausgabe (B 2 II B 1) zusammengestellt sind, finden sich natürlich im Exordium der Rede *pro Deiotaro*. Nicht das ‚kunstlose' Mittel der Bitte um Aufmerksamkeit (B 2 II, B 1a), auch nicht das *brevitas*-Versprechen (B 2 II, B 1b) — dies wendet Cicero erst in der Argumentatio an, nachdem diese die bekannten Motive und Argumente immer wieder variiert hat (§ 22b) —, wohl aber die folgenden Mittel: Darlegung, daß der Gegenstand wichtig sei für die Interessen der Zuhörer (B 2 II, B 1c, vgl. § 3: *de fortunis communibus extimescebam*); prachtvolle Schilderung eines schönen Gegenstandes (B 2 II, B 1e, vgl. § 6: Cicero stellt sich vor, vor großem Publikum zu reden); besondere Gestaltung des ersten Satzes (B 2 II, B 1e, vgl. § 1).
Daß Cicero nicht zu aufdringliche Mitteln verwendet, hängt mit dem Ernst der Sache und der dafür eingenommenen Haltung der Unsicherheit zusammen. Diese Haltung wirkte unglaubhaft, wenn sie mit allen rhetorischen Mitteln vertreten würde.
Ferner findet Cicero Mittel, die meisten Dinge personenbezogen zu formulieren und immer wieder das Wohl des Staates einzubeziehen. Die Personenbezogenheit der Formulierungen soll

(a) die persönliche Verbundenheit zwischen dem Verteidiger Cicero und dem Angeklagten Deiotarus zeigen;
(b) die Verdienste des Deiotarus um den römischen Staat zeigen;
(c) die Verworfenheit der Kläger zeigen;
(d) den Gegensatz zwischen den Klägern und dem Richter betonen;
(e) den Gegensatz zwischen den Klägern und römischem Denken und Handeln hervorheben;
(f) Caesars Intelligenz und Verständnis zeigen bzw. daran appellieren;
(g) und schließlich und ganz besonders zwischen dem Richter Caesar und dem Verteidiger Cicero ein Verhältnis des intellektuellen und emotionalen Einverständnisses herstellen, das weiter trägt als alle Anklageinhalte.

(a) Die persönliche Verbundenheit des Verteidigers Cicero und des Angeklagten Deiotarus

Die persönliche Verbundenheit zwischen Cicero und Deiotarus zeigt Cicero in § 2: *eum regem, quem ornare antea cuncto cum senatu solebam.* Er bezieht den gesamten Senat mit ein und läßt ihn hinter sich stehen, die persönliche Verbundenheit kann ihm nicht zum Vorwurf gemacht werden; die Auszeichnungen erfolgten wiederholt oder regelmäßig, wie das Imperfekt und überhaupt das Wort *solere* suggerieren.

(b) Die Verdienste des Deiotarus um den römischen Staat

Die Verdienste des Deiotarus um den römischen Staat werden vor allem in den §§ 2 und 6 hervorgehoben. Sie sind in der Aufstellung auf S. 30 im Vergleich mit Caesars Eigenschaften und mit römischen Haltungen und im Gegensatz zu den Eigenschaften der Kläger dargestellt.

(c) Die Verworfenheit der Kläger

Cicero betont, daß ihm die Verteidigung von den bösartigen Klägern aufgezwungen wird *(cogor defendere)* und daß ihn des einen Grausamkeit, des anderen Unwürdigkeit (der Herkunft und des daraus abzuleitenden Skandals, daß er überhaupt vor Gericht auftritt) verwirrt.

Die *crudelitas* Castors splittert er sofort in einer scheinbar abmildernden Formulierung in noch größere Vorwürfe auf: *ne dicam sceleratum et impium.* Castor ist des Verbrechens gegen Menschen und Götter schuldig. Die angebliche Verschweigung (Aposiopese) der Wörter *sceleratus* und *impius* ist also in Wirklichkeit eine steigernde Verbesserung der Aussage *(correctio).* In immer neuen Gegenüberstellungen verdeutlicht Cicero Castors Grausamkeit: der Neffe klagt den Onkel an *(nepos avum)* und verstößt gegen verwandtschaftliche Bande; Jugend tritt dem Alter gegenüber, statt schützend terrorisierend *(adulescentiae — senectutem, terrorem intulerit — tueri et tegere debebat);* Tat *(intulerit)* und moralische Verpflichtung *(debebat)* klaffen auseinander.

Die Aufzählung entpuppt sich als Dihaerese, wenn Cicero in die Schilderung Castors die Zusammenfassung einfügt: *commendationemque ineuntis aetatis ab impietate et ab scelere duxerit.* In diesem Satz hat er die anfängliche Milderung *(ne dicam sceleratum et impium)* aufgegeben, er teilt jetzt Fakten über Castor mit, die Reihenfolge ist umgekehrt wie zu Anfang, das Verbrechen gegen die Götter wird vor dem gegen die Menschen erwähnt, es ist jetzt einsichtig. Mit dem Verstoß gegen den Verhaltenskodex junger Männer ist Gottlosigkeit verbunden.

Die Aufzählung wirkt außer durch die Antithesen durch die klangliche Gestaltung: *adduxerit/intulerit; t-*Alliteration am Ende; Klauseln in den Schlüssen der Satzabschnitte: Doppelcretius in *crudelĭtātĕ cŏntŭrbĕr,* Anapäst und Creticus in *dŏmĭnum ĭmpŭlĕrĭt,* Doppelcreticus in *pĕdĭbŭs ābdŭxĕrĭt.*

In der Überleitung zum Arzt Pheidippos am Ende des § 2 zeigt Cicero schließlich noch, daß der Herr Castor das Verhältnis zwischen Herrn und Sklaven durch Bestechung gestört hat, macht ihn also ursächlich für das Verhalten des Sklaven verantwortlich.

Der Arzt Pheidippos wird in § 3 zum entlaufenen Sklaven stilisiert, weil er die Gesandten des Deiotarus verlassen hat. Schon am Ende des § 2 ist er zum Pediküresklaven herabgewürdigt worden *(a pedibus abduxerit).* Pheidippos setzt die Störung des Verhältnisses Herr — Sklave fort *(dominum accusantis).* Die dreifache Setzung des Wortes *dominum,* die polysyndetische Formulierung *(dominum et dominum absentem et dominum amicissimum nostrae rei publicae)* steigert effektvoll die Tat und das Verhalten des Pheidippos. Dem dient auch die genüßliche Ausmalung, daß Cicero diesen Sklaven lange studiert hat (Imperfekt *videbam, audiebam),* und die langsame Lenkung von der Wertung der Person zu dessen Gesichtsausdruck und zu dessen Worten, die gleichsam die Bestätigung der vorausgegangenen Wertung und erschreckender Abschluß eines langsamen Abtastens der Person sind. Hyperbaton *(fugitivi ... os ... verba)*, Anapher *(dominum ... et dominum ... et dominum; cum os videbam, cum verba audiebam)* mit Klangwirkungen sind die Mittel, dies zu erreichen.

Dann kann Cicero mehr noch als bei Castor eine erschreckende Konsequenz zeigen, die den gesamten Staat zu bedrohen scheint: Die Klage Castors stellt eine Gefahr für alle Römer dar, insbesondere für höhergestellte. Man muß um die Treue der Sklaven und mehr noch um die Vertraulichkeit des Wortes in der Privatsphäre fürchten. Cicero schürt also Angst unter den Adligen. Seine Verallgemeinerung begründet er in einem langen und komplizierten Satz:

HS	Nam
GS₁	cum more maiorum de servo in dominum ne tormentis quidem quaeri liceat,
GS₂	in qua quaestione dolor elicere veram vocem possit etiam ab invito,
HS	exortus est servus,
GS₁	qui,
GS₂	quem in eculeo appellare non posset,
GS₁	eum accuset solutus.

Cicero beruft sich in dem Aufmerksamkeit heischenden Satz auf den *mos maiorum:* Ein Sklave darf nicht gegen seinen Herrn vernommen werden, die Folter könnte ein der Wahrheit entsprechendes Geständnis sogar dem entlok-

Übersicht zu §§ 2b—3:

accusatorum	
alterius crudelitate	alterius indignate
crudelis Castor scleratum impium	
nepos avum in capitis discrimen adduxerit	nam cum more maiorum de servo in dominum ne tormentis quidem quaeri liceat, exortus est servus, qui ... eum accuset solutus
adulescentiaeque suae terrorem intulerit ei, cuius senectutem tueri et tegere debebat	non tam adflictam regiam condicionem dolebam quam de fortunis communibus extimescebam
commendationemque ineuntis aetatis ab impietate et ab scelere duxerit	cum os videbam, cum verba audiebam
avi servum corruptum praemiis ad accusandum dominum impulerit, a legatorum pedibus abduxerit.	et dominum amicissimum nostrae rei publicae et dominum absentem dominum accusantis fugitivi autem

26

ken, der nichts aussagen will. Pheidippos aber könnte nicht einmal unter der Folter eine Schuld des Deiotarus behaupten — weil es keine gibt —, aber er klagt ihn ohne Folter an. Somit sind alle Maßstäbe verkehrt. Die Unerhörtheit des Vorgangs wird in den vielfältigen Gegensätzen des Satzes sowie in dem Ausdruck, der für das Auftreten des Sklaven verwendet wird, deutlich: *exortus est*, ein Monstrum erhebt sich gegen Recht und Ordnung.

(d)—(e) Der Gegensatz zwischen Klägern und Richter und römischen Handeln

Cicero hat bereits im Exordium die von Caesar auch sonst für sich beanspruchten Tugenden, Eigenschaften und Haltungen geschickt ins Spiel gebracht (*sapientia*, § 4; *praestans singularisque natura*, § 4; *aequitas*, § 7; *audiendi diligentia*, § 7).

Caesar stellt in seinem ‚Bellum civile‘ immer wieder seine Prinzipien *aequitas*, *iustitia* und *clementia* als die tragenden Pfeiler seiner Politik und seines lebenslangen Verhaltens heraus. So schreibt er etwa *b. c.* 1,32,9, in seiner Rede vor dem Senat nach dem Einmarsch in Rom habe er gesagt: *se vero, ut operibus anteire studuerit, sic iustitia et aequitate velle superare*, „er wolle aber, wie er mit Taten voranzugehen sich bemüht habe, so auch durch Gerechtigkeit und angemessene Haltung den Sieg davontragen“.

Ähnlich hat er in einem Brief an Pompeius folgendes geschrieben (*b. c.* 1,9,3): *tamen hanc iacturam honoris sui rei publicae causa aequo animo tulisse*, „dennoch habe er diese Ehrenkränkung (den Verlust seiner besonderen Rechte bei der Bewerbung um das Konsulat des Jahres 48) um des Staates willen mit Gelassenheit getragen“. Caesar verfolgte gerade nach seinem Sieg im Bürgerkrieg eine Politik der *clementia* (vgl. unten zu §§ 38—43, besonders zu § 38, sowie Textausgabe B 1g, h, p)[8].

An dieses Selbstverständnis Caesars appelliert Cicero bereits im Proömium und fordert dazu auf, Wort und Tat erneut miteinander in Einklang zu bringen, wohl wissend, daß Caesar tatsächlich auf das Urteil der Mitwelt Wert legt (vgl. § 4 Ende: *Non enim tam timeo, quid tu de rege Deiotaro, quam intellego, quid de te ceteros velis iudicare*). Es ist klar, daß die Caesar zugesprochenen Haltungen ihn zugleich auf diese festlegen und somit zu einem Urteil im Sinne Ciceros bewegen sollen.

Gleichzeitig appelliert er damit an eine Übereinstimmung der caesarischen Haltung mit dem römischen Selbstverständnis, das sich auch darin zeigt, Verdienste zu belohnen. Daß sich Caesar mit diesem außen- und innenpolitischen Grundsatz identifizierte, zeigen seine Darstellungen im ‚Bellum Gallicum‘ und im ‚Bellum civile‘.

---

8 Zur *clementia Caesaris* vgl. u. a. E. Bux: Clementia Romana: Ihr Wesen und ihre Bedeutung für die Politik des römischen Reiches, in: Würzburger Jahrbücher 3, 1948, S. 201—231; H. Dahlmann: Clementia Caesaris, in: Neue Jahrbücher für Wissenschaft und Jugendbildung 10, 1934, S. 17—26; Neudr. in: H. Oppermann (Hg.); Römertum, Darmstadt ³1970, S. 188—202; W. Grewe: Rechts- und Geistesgeschichte der Gnade, in: H. Oppermann (Hg.): Römertum, Darmstadt ²1967, S. 516—528; Chr. Maier: Die Ohnmacht des allmächtigen Dictators Caesar. Drei biographische Skizzen, Frankfurt a. M. 1980; ders.: Caesar, Berlin 1982, S. 400 f., 446—453.

Selbst an erfolglosen und unfähigen Verbündeten scheint er aufgrund früherer Verdienste festzuhalten, etwa an den Haeduern, insbesondere Diviciacus (*b. G.* 1,19,2), und an Curio (*b. c.* 2,42,4) — freilich immer mit Hintergedanken, zum Beispiel, Verbündete erneut zu verpflichten oder Freunde oder sich selbst zu entschuldigen. Daß er die Massilienser schont, begründet Caesar so: *magis ... pro nomine et vetustate quam pro meritis ...,* ein Zeichen, daß Verdienste erst recht Schonung gebieten (*b. c.* 2,22,6).

Die Verdienste des Deiotarus um die Römer und auch um Caesar werden von Cicero immer wieder herausgestrichen (so noch in den §§ 14, 16, 26 f., 37 und 39), das Exordium bildet da keine Ausnahme (vgl. §§ 3 und 6 sowie die Übersicht S. 30).

Auch andere Überlieferung bestätigt diese Verdienste. Im ‚Bellum Alexandrinum' wird über Deiotarus berichtet:

Deiotarus bittet Rom bzw. Domitius Calvinus, den Statthalter Caesars in Asia, dagegen einzuschreiten, daß Pharnakes Armenia minor, das Reich des Deiotarus, und Cappadocia, das Reich des Ariobarzanes, verwüstet. Sonst könne er nicht das versprochene Geld an Caesar zahlen und seine Befehle ausführen (*quo malo nisi liberarentur, imperata se facere pecuniamque promissam Caesari non posse persolvere, bell. Alex.* 34,1).

Im Krieg gegen Pharnakes kämpfen die Legionen des Deiotarus mit, Domitius stellt sie in der Entscheidungsschlacht in der Mitte auf (*XXXVI. legionem in dextro cornu collocavit, Ponticam in sinistro, Deiotari legiones in mediam aciem contulit,* 39,1). Die Truppen des Deiotarus schaffen keine Abwehr von Dauer (*Deiotari vero legiones vix impetum sustinuerunt,* 40,2). Die Soldaten des Deiotarus fallen zum großen Teil (*magna parte Deiotari militum interfecta,* 40,4). Auch die anderen Legionen haben beträchtliche Verluste. Pharnaces plündert viele Städte in Pontus und richtet viele Einwohner hin.

Als Caesar in der Nähe von Pontus ist, kommt Deiotarus zu ihm, nachdem er alle königlichen Würdezeichen abgelegt hat (*depositis regiis insignibus,* 67,1), verhält sich wie ein Angeklagter demütig *(reorum habitu supplex)* und bittet um Verzeihung dafür, daß er als Bewohner des Teils der Erde, der keine Schutztruppen Caesars gehabt habe, aufgrund von Heeren und Befehlen (gezwungen) im Lager des Cn. Pompeius gewesen sei (*ad Caesarem venit oratum, ut sibi ignosceret, quod in ea parte positus terrarum, quae nulla praesidia Caesaris habuisset, exercitibus imperiisque* (coactus, Ergänzung von Glandorp) *in Cn. Pompei castris fuisset*). Er habe nicht Richter sein dürfen über die Streitigkeiten des römischen Volkes, vielmehr habe er akuten Befehlen gehorchen müssen (*neque enim se debuisse iudicem esse controversiarum populi Romani, sed parere praesentibus imperiis,* 67,2).

Caesar sagt, als Mann von so großer Klugheit und Umsicht hätte er wissen können, wer über Rom und Italien herrsche, wo Senat und Volk von Rom standen, wo der Staat stand, wer schließlich nach L. Lentulus und C. Marcellus Konsul war. Aber er rechne gegen dieses Geschehen seine früheren Leistungen auf, die alte Gastfreundschaft und Freundschaft, Würde und Alter des Mannes, die Bitten der Gastfreunde und Freunde des Deiotarus, die in beträchtlicher Zahl zusammengelaufen seien, um ihn freizubitten. (*... homo tantae prudentiae* *ac diligentiae scire potuisset, quis urbem Italiamque teneret, ubi senatus populus-que Romanus, ubi res publica esset, quis denique post L. Lentulum, C. Marcellum consul esset, tamen se concedere id factum superioribus suis beneficiis, veteri hospitio atque amicitiae, dignitati aetatique hominis, precibus eorum, qui frequentes concurrissent hospites atque amici Deiotari ad deprecandum*, 68,1).

Die Entscheidung über die Streitigkeiten der Tetrarchen verschiebt er auf später, das Königsgewand gibt er ihm zurück (*de controversiis tetrarcharum postea se cogniturum esse dixit, regium vestitum ei restituit*, 68,1).

Aber die Legion, die Deiotarus aus dem Stamm seiner Bürger mit römischer Bewaffnung und römischen Drill bereitstehen hatte, und die ganze Reiterei befahl er zur Kriegsführung heranzuführen (*Legionen autem eam, quam ex genere civium suorum Deiotarus armatura disciplinaque nostra constitutam habebat, equitatumque omnem ad bellum gerendum adducere iussit*, 68,2).

Dann signalisiert Pharnakes Friedensabsichten und weist darauf hin, daß er Pompeius keine Hilfstruppen gegen Caesar habe geben wollen, wohingegen Deiotarus, der sie gegeben habe, trotzdem Caesar versöhnt habe (*Maximeque commemorabant (sc. legati) nulla Pharnacen auxilia contra Caesarem Pompeio dare voluisse, cum Deiotarus, qui dedisset, tamen ei satisfecisset*, 69,3).

Caesar sagt, er tue nichts lieber, als Bittenden zu verzeihen (*se neque libentius facere quicquam quam supplicibus ignoscere*, 70,3). Aber das römischen Bürgern angetane Unrecht könne nicht ungeschehen gemacht werden. Deswegen lege er Pharnakes viel stärkere Friedensbedingungen auf als Deiotarus. Trotzdem kommt es zur Schlacht von Zela, in der Caesar siegt (75—77). Später überträgt er die Herrschaft über das von Deiotarus besetzte Gallograecia dem Pergamenerkönig Mithridates (78).

Im Gegensatz zu den Eigenschaften und Haltungen Caesars stehen die der Kläger. Die folgende Übersicht stellt Äußerungen Ciceros zusammen, die er über Castor und Pheidippos macht, und vergleicht sie mit Ciceros Äußerungen über Caesar, die Römer und Deiotarus (s. Tabelle auf Seite 30).

Deiotarus ist Freund des römischen Volkes, das römische Volk ist Freund des Deiotarus. Castor und Pheidippos sind dem römischen Volk wesensfremd, ja bedrohen dessen Grundlagen.

Den Eigenschaften und Haltungen Caesars, wie sie Cicero darstellt, sind sogar die Deiotarus zugesprochenen Eigenschaften und Haltungen vergleichbar. Das wird sich erst später im Verlauf der Rede deutlich zeigen, aber es deutet sich im Exordium bereits an, wenn Deiotarus und das römische Volk sich gegenseitig mit Leistungen, Verdiensten und Danksagungen bedenken (*perpetuis meritis*, 2; *amicissimum nostrae rei publicae*, 3; *omnem aetatem in populi Romani bellis consumptam esse*, 6; *faveret, meminisset*, 6; *beneficia in regem Deiotarum*, 7) und Deiotarus somit genau das erreicht hat (oder haben soll), worauf auch Caesars Streben ausgerichtet ist: einen guten Ruf bei den Römern (*quid de te ceteros velis iudicare*, 4).

Übrigens widerspricht die Darstellung, die der Verfasser des ‚Bellum Alexandrinum' von Deiotarus gibt, diesem Befund nicht.

So geraten Caesar und Deiotarus, auch Cicero und die Römer auf die eine, die Kläger auf die andere Seite einer Konfrontation von guten und schlechen Haltungen und Eigenschaften, die in aller Schärfe erfolgt. Während Caesar, Cicero und Deiotarus in Übereinstimmung mit den römischen Haltungen handelten, verstoßen die Kläger schärfstens gegen sie, ja sie bedrohen den Bestand der römischen Sozialordnung (*de fortunis communibus extimescebam*, 3).

Castor	Pheidippos	Caesar	Römer	Deiotarus
	atrocissimum crimen (2)			pro perpetuis eius in nostram rem publicam meritis (2)
alterius crudelitate (2)	alterius indignitate (2)			
crudelis, ne dicam sceleratum et impium (2)			de fortunis communibus extimescebam (3)	dominum amicissimum nostrae rei publicae (3)
				immer wieder betont
adulescentiae suae terrorem intulerit (2)			more maiorum de servo ne tormentis quidem quaeri liceat	
ab impietate et ab scelere (2)				
avi servum corruptum praemiis (2)	corruptum (2)			
ad accusandum dominum impulerit (2)	ad accusandum dominum (2)	tua sapientia (4)		quis enim civis ei regi non faveret, cuius omnem aetatem in populi Romani bellis consumptam meminisset? (6)
	accuset solutus fugitivi autem	praestans singularisque natura (4)		
		quid de te ceteros velis iudicare (4)		et deorum immortalium et populi Romani et senatus beneficia in regem Deiotarum (7)
		aequitas (7) audiendi diligentia (7)		

(f) — (g) Caesars Klugheit und die Beziehung zwischen Richter und Verteidiger

Bereits im Exordium werden Caesar die folgenden Eigenschaften und Haltungen zugesprochen: *sapientia* (§ 4); *praestans singularisque natura* (4); Achten auf das eigene Image steht an erster Stelle (*quid de te ceteros velis iudicare,* § 4); forensische Redeerfahrung (*qui pro multis saepe dixisti,* § 7); *aequitas* und *audiendi diligentia* (als Aufgabe, § 7).

Immer wieder wird von Cicero betont, daß ihm diese Dinge die Angst in diesem ungewöhnlichen Prozeß verringern oder verringern können oder verringern sollen:

4a: *quod tamen, cum te penitus recognovi, timere desino;*
4b: *hunc mihi metum minuit;*
4b: *non enim tam timeo ... quam intellego ...;*
5: *in tuis oculis, in tuo ore voltuque acquiesco;*
7: *tuum est, Caesar, ..., quid mihi nunc animi sit, ad te ipsum referre, quo facilius cum aequitas tua tum audiendi diligentia minuat hanc perturbationem meam.*

Der Schlußappell an Caesars Gerechtigkeit und Aufmerksamkeit faßt also nicht nur Ciceros Verwirrung, sondern auch Caesars Haltungen zusammen. Er ist besonders lang, er ist kompliziert, Aufmerksamkeit heischend, Bezüge setzend formuliert. Er stellt vor allem eine neue Gemeinsamkeit her: statt der möglichen Interessengemeinschaft des angeblichen Opfers und des Richters (die identisch sind, vgl. § 4), statt der möglichen Interessengemeinschaft zwischen Klägern und Richtern (die alle etwas gegen den angeblichen Attentäter Deiotarus haben oder haben könnten) jetzt eine leicht angedeutete Parallelisierung von Caesar und Deiotarus und vor allem eine Interessengemeinschaft zwischen dem Richter Caesar und dem Verteidiger Cicero. Beide haben eine langjährige Praxis als Verteidiger und Redner. Caesar muß die Schwierigkeiten, in denen sich der Verteidiger Cicero befindet, verstehen und wird zugleich zu zwei Haltungen aufgefordert:

— Sinn für Gerechtigkeit und Angemessenheit *(aequitas):* diese Haltung soll einen Ausgleich für die vielen Widrigkeiten des Falles bilden;
— aufmerksames Zuhören *(audiendi diligentia):* diese Haltung ist Ausdruck der Spannung, wie der bedrängte Verteidiger die Nuß knacken wird, ist Aufforderung zum ästhetischen Genuß der Rede.

Beide Haltungen zusammen sollen so die Verwirrung Ciceros verringern.

2. Narratio (§§ 8—14)

Eine Narratio (vgl. dazu Textausgabe B 2III) enthält die Rede *pro rege Deiotaro* nicht. Sie kann sie eigentlich auch gar nicht enthalten, weil es ja keine Tat gab. Cicero könnte an das Exordium gleich die Argumentation anschließen, zumal er im Exordium die verschiedenen Punkte der Anklage, auf die er eingehen kann, bereits genannt hat. Jedoch würde eine sofort anschließende Argumentatio möglicherweise mit der Tür ins Haus fallen und die Hörererwartungen enttäuschen. So setzt er an die Stelle der Narratio vier kurze Abschnitte, die geschickt die Einstellung der Hörer bzw. des Richters umlenken können. Die Abschnitte entsprechen den Teilen einer Narratio.

(1) Initium (§§ 7b—8a)

Der erste Abschnitt (§§ 7b—8a) unterstellt den Klägern, sie spekulierten auf Caesars Zorn über Deiotarus und die daraus resultierende Neigung, auch einer erfundenen Anklage Glauben zu schenken. Deswegen fordert Cicero, Caesar solle die Beklagten — Deiotarus bzw. seine Vertreter und ihn, seinen Anwalt, alle zusammengefaßt in *nos* — von dieser Angst befreien.

(2) Digressio (§§ 8b—10a)

Der zweite Abschnitt (§§ 8b—10a) schließt an den ersten mit einer eindringlich formulierten Beschwörung Caesars an: *Per dexteram istam te oro, quam regi Deiotaro — hospes hospiti — porrexisti, istam, inquam, dexteram non tam in bellis neque in proeliis quam in promissis et fide firmiorem.* Der Satz ist geprägt von der Anapher *istam dexteram,* dem nachdrücklichen *inquam,* dem Polyptoton *hospes hospiti,* der Variatio von Attributsatz *quam ... porrexisti* und langem adjektivischem Attribut *non tam ... firmiorem;* dieses Attribut enthält eine Parallelisierung mit Variation:

> *non tam in bellis neque in proeliis*
> *quam   in promissis et   fide*   *firmiorem;*

ferner enthält es zwei Doppelausdrücke, Homoioteleuta auf *-is* und eine *f*-Alliteration.

Caesars Verzicht auf jeden Zorn wird mit seinem früheren guten Verhältnis zu Deiotarus begründet.

Das setzt sich in einem Satz mit *tu-te*-Anapher, also im Du-Stil der Prädikation fort[9]. Caesar wird zwar wie ein Gott angefleht, aber es wird dabei seine einstige enge Verbundenheit mit Deiotarus so nachdrücklich dargestellt, daß er sich der Bitte nicht ohne besonderen Anlaß entziehen sollte.

Das Institut des *hospitium* — das Deiotarus nach Aussage der Kläger im *fictum crimen* (§ 8) verletzt haben soll, in Wirklichkeit aber — so Cicero — bestens gehütet hat — verpflichtet auch Caesar, für Deiotarus eingestellt zu sein. Caesar muß also in Übereinstimmung mit seinem früheren Verhalten gegenüber Deiotarus handeln. Diese Übereinstimmung wird sodann generalisiert. Caesar habe Versöhnung mit Gegnern immer ohne Reservatio mentalis, vielmehr voll und ganz vollzogen. Deiotarus habe er immer wie einen etwas pflichtvergessenen Freund behandelt, der manche Aktion hätte diplomatisch geschickter gestalten können. Er habe ihn ja schon von Furcht befreit, als Gastfreund anerkannt, in seiner Königsherrschaft belassen. Diese früheren Handlungen Caesars werden jetzt also als Maßstab herangezogen. Eine erfundene Anklage darf Caesars Haltung nicht ändern. Caesar hat sich in seiner Haltung gegenüber Deiotarus längst festgelegt: auf Freundschaft und Verzeihung.

---

9 Zum Du-Stil der Prädikation vgl. E. Norden: Agnostos Theos. Untersuchungen zur Formengeschichte religiöser Rede, Berlin 1912, Nachdr. Darmstadt 1956, S. 143—163.

(3) Narratio (§§ 10b—13a)

Der dritte Abschnitt (§§ 10b—13a), die eigentliche Narratio, stellt nun das in Frage stehende Verhalten des Deiotarus aus dessen Blickwinkel dar und soll es verständlich machen: Nicht Haß auf Caesar *(odium)* leitete ihn, sondern eine Art Orientierungslosigkeit bzw. Desinformation *(error)*. Auch er wurde verwirrt *(perturbatus est)* — wie alle römischen Politiker im Bürgerkrieg. Wieder erscheint Deiotarus als halber Römer, mit dem besten Verhältnis zum römischen Senat; die Wechselseitigkeit dieses Verhältnisses wird so beschrieben:

Is rex, quem senatus hoc nomine saepe honorificentissimis decretis appellavisset quique illum ordinem ab adulescentia gravissimum sanctissimumque duxisset...
Superlative und sonstige Intensivierungen *(saepe, ab adulescentia)* prägen die Formulierung. Daß Deiotarus einer Fehlinformation unterlag, ist ihm als weit entfernt Wohnendem erst recht zu verzeihen, wenn schon Römer im Zentrum des Geschehens desorientiert waren. Die Formulierung ist nachdrücklich durch die ungewöhnliche Verbindung *homo longinquus* und durch den chiastischen Aufbau:

is rex isdem rebus est perturbatus — homo longinquus et alienigena —

quibus   nos   — in re publica nati semperque versati.
Im folgenden wird das angeschlagene Thema ausgeführt.
(A) Die enge Verbindung des Deiotarus mit Rom und die Verknüpfung seines und des römischen Wohlergehens zeigen sich nicht nur in der direkten Charakterisierung *vir huic imperio amicissimus,* sondern auch in den Schilderungen seines Verhaltens und seiner Reaktionen:
— *movebatur animo*
— *et de salute populi Romani extimescebat*
— *in qua etiam suam esse inclusam videbat*
— *in summo tamen timore quiescendum esse arbitrabatur*
— *tamen (usque eo) se tenuit.*
(B) Seine Unwissenheit, seine Verwirrung, sein Rätseln über die Ereignisse zeigen sich in den verwendeten Ausdrücken, besonders in den Verben, die das Thema *error* illustrieren: *audiret, movebatur animo, extimescebat, in summo timore ... arbitrabatur; maxime vere perturbatus est, ut audivit ...; sic enim ei nuntiabatur...; talibus enim nuntiis et rumoribus patebat ad orientem via nec ulli veri subsequebantur; nihil ..., nihil..., nihil... audiebat.*
Cicero behauptet, nicht ganz glaubwürdig, daß zu Deiotarus so viele Nachrichten und Gerüchte gedrungen seien, nur nicht die wahren Berichte über Caesar. Diese wahren Nachrichten gestaltet Cicero nachdrücklich durch die Anapher *nihil — nihil — nihil* und durch die Verwendung der Schlagwörter *condiciones, studium concordiae et pacis, conspiratio contra dignitatem tuam.*
Cicero scheint hier aus Caesars Selbstdarstellung im ‚Bellum civile‘ zu zitieren, Man vergleiche:

de condicionibus tuis: vgl. *b. c.* 1,1: *litteris C. Caesaris consulibus redditis aegre ab his impetratum est summa tribunorum plebis contentione, ut in senatu recitarentur; ut vero ex litteris ad senatum referretur, impetrari non potuit.*

„Caesars Sendschreiben wurde den Konsuln überreicht, aber nur mit Mühe wurde bei ihnen auf stärkstes Drängen der Volkstribunen hin durchgesetzt, daß es im Senat vorgelesen wurde. Daß aber der Inhalt des Sendschreibens dem Senat zur Abstimmung vorgelegt wurde, konnte man nicht erreichen";

ferner *b. c.* 1,9: *petit ab utroque, quoniam Pompei mandata ad se detulerint, ne graventur sua quoque ad eum postulata deferre, si parvo labore magnas controversias tollere atque omnem Italiam metu liberare possint.* „Er bat beide (Beauftragte des Pompeius), da sie ihm ja die Aufträge des Pompeius überbracht hätten, sich nicht zu sträuben, diesem auch seine Forderungen zu überbringen, wenn sie mit einer kleinen Mühe große Streitigkeiten beseitigen und ganz Italien von Furcht befreien könnten."

de studio concordiae et pacis: vgl. *b. c.* 1,9,1 (s. o.), 1,9,3: *tamen hanc iacturam honoris sui rei publicae causa aequo animo tulisse…;* 1,9,5: *sed tamen ad omnia se descendere paratum atque omnia pati rei publicae causa.* „Dennoch habe er die ihm zugefügte Ehrenkränkung mit Rücksicht auf den Staat mit Gelassenheit hingenommen." „Aber dennoch sei er bereit, sich auf alles einzulassen und alles zu erdulden um des Staates willen."

de conspiratione contra dignitatem tuam: vgl. 1,9,2: *sibi semper primam fuisse dignitatem vitaque potiorem. Doluisse se, quod populi Romani beneficium sibi per contumeliam ab inimicis extorqueretur ereptoque semenstri imperio in urbem retraheretur, cuius absentis rationem haberi proximis comitiis populus iussisset.* „Sein persönliches Ansehen habe ihm immer an erster Stelle gestanden und ihm mehr als sein Leben bedeutet. Er sei gekränkt worden, weil ihm ein Zugeständnis des römischen Volkes in beleidigender Form von den Gegnern entwunden worden sei und er, nachdem ihm sechs Monate Oberbefehl entrissen worden seien, nun in die Stadt zurückgezerrt werde, obwohl die Volksversammlung angeordnet habe, daß auf seine Abwesenheit bei der nächsten Wahl Rücksicht genommen werden solle."
Mit diesem Satz spielt Caesar darauf an, daß ihm auf Antrag der zehn Volkstribunen 52 v. Chr. zugestanden worden war, daß er sich in Abwesenheit um das Konsulat für 48 v. Chr. bewerben (und so seine militärische Macht behalten) durfte, daß aber dann die *lex Pompeia de iure magistratuum*, ebenfalls noch im Jahr 52, bestimmte, daß nur persönliche Bewerbung um ein Amt zulässig sei. Pompeius hatte dieses Gesetz auf Drängen der Optimaten eingebracht und auf Einspruch von Caesaranhängern mit einer persönlichen Klausel versehen, Caesar sei ausgenommen. Diesen Zusatz erkannte aber der Senat nicht an, so daß er keine Gesetzeskraft hatte und Caesar nach der Rechtslage hätte persönlich zur Bewerbung um sein zweites Konsulat in Rom erscheinen müssen.
Vgl. auch *b. c.* 1,7,7: *hortatur, cuius imperatoris ductu novem annis rem publicam felicissime gesserint plurimaque proelia secunda fecerint, omnem Galliam Germaniamque pacaverint, ut eius existimationem dignitatemque ab inimicis defendant.* „Er forderte sie (d. h. seine Soldaten vor dem Übergang über den Rubikon) inständig auf, den Ruf und die persönliche Würde des

Feldherrn gegen seine Feinde zu verteidigen, unter dessen Führung sie neun Jahre lang den Staat höchst erfolgreich getragen und sehr viele Schlachten mit günstigem Ausgang geschlagen, ganz Gallien und Germanien unter Vertragszustand gebracht hätten."

Nur die angeblichen Verschwörer gegen Caesars Würde — von Caesar deutlich benannt (*b. c.* 1,4,1 f.: *consulis, Scipionis, Catonis ... Catonem ... Lentulus ... Scipionem ...*) — umschreibt Cicero als *certi homines:* Sie sind bekannt, aber ihre Namen störten jetzt. Es sind erstens alles Männer, die schärfste Gegner Caesars waren und seiner Milde durch den Tod entgingen: Lucius Lentulus Crus, der eine Konsul des Jahres 49, war mit Pompeius getötet worden, wovon Caesar in Alexandria erfuhr (vgl. *b. c.* 3,106,1—4).[10] Cato beging nach Caesars Sieg in Afrika Selbstmord, um seiner Gnade zu entgehen (vgl. *b. Afr.* 87—88; Plutarch, *Cato minor* 66,2; *Caesar* 54, 1—2).[11] Scipio kam auf der Flucht vor den siegreichen Truppen Caesars in Spanien in einer Seeschlacht um (vgl. *b. Afr.* 87 f.)[12] oder beging Selbstmord (vgl. Livius, *per.* 114; Val. Max. 3,2,13).[13] Zweitens kann die Umschreibung den Unterschied zwischen dem Wissen der Römer und dem Unwissen des Deiotarus suggerieren. Erst ein Schreiben des Pompeius schafft — so Cicero — bei Deiotarus eine scheinbare Informiertheit. Wem hätte er in der damaligen Situation sonst glauben sollen?

Der § 12 macht noch weiter verständlich, warum Deiotarus auf das Schreiben des Pompeius vertraute, nachdem seine Unwissenheit in § 11 bereits mit der Randlage seines Reiches erklärt worden ist:

— alle Senatoren sind Pompeius gefolgt *(quem nos omnes secuti sumus);*
— Götter und Menschen hatten Pompeius mit Ehren überhäuft *(quem cum di atque homines omnia ornamenta congessissent),*
— und vor allem Caesar selbst hat ja Pompeius mit den höchsten Ehren bedacht *(tum tu ipse plurima et maxima)* — gemeint sind die von Caesar während seines Konsulats 59 v. Chr. im Senat durchgesetzten Bestätigungen aller Maßnahmen, die Pompeius im Krieg gegen Mithridates VI. vorgenommen hatte; der Übergang zur Erwähnung Caesars wurde durch die vorausgehende Erwähnung der Götter erleichtert.
— Schließlich war Pompeius, wie jeder weiß, der berühmteste *(nomen)* und mächtigste *(opes)* Mann, der berühmteste Feldherr *(in omni genere bellorum gloria),* Besitzer der höchsten und meisten Ehrungen und Ämter *(honores),* die ihm Volksversammlung, Senat, Caesar selbst zugesprochen hatten.

Die Darstellung der unangefochtenen Ausnahmestellung des Pompeius soll das Vertrauen des Deiotarus begründen. Cicero übertreibt dabei, indem er Caesars früheres Vertrauen in Pompeius und seine Unterstützung des Pompeius jeweils als alle anderen übertreffend hinstellt:

---

10 M. Gelzer: Caesar, der Politiker und Staatsmann, Wiesbaden 1960, S. 227.
11 Gelzer (s. Anm. 10), S. 248 f.
12 Gelzer (s. Anm. 10), S. 249 Anm. 352.
13 Gelzer, a.O.

— *tum tu ipse plurima et maxima* (dabei sogar die Götter übertreffend),
— *quanti tui* am Ende einer anaphorischen Aufzählung *(quantum — quantae — quanti — quanti — quanti)*, nur noch gefolgt vom kurzen Hauptsatz, der als rhetorische Frage formuliert ist: *quis ignorat?*

Caesar kann nicht leugnen, daß er selbst am Aufstieg des Pompeius maßgeblich beteiligt und lange mit ihm verbündet und verwandt war. Das sagt Cicero nicht so deutlich. Vielmehr durchsetzt er die beiden Sätze, die die Ausnahmestellung des Pompeius und Caesars Beteiligung an den Ehrungen des Pompeius schildern, mit Sätzen, die den nunmehr erreichten noch größeren Ruhm, die spätere noch höhere Stellung Caesars dazu in Vergleich setzen:

— *nec enim, si tuae res gestae ceterorum laudibus obscuritatem attulerunt, idcirco Cn. Pompei memoriam amisimus.*
— *Tanto ille superiores vicerat gloria, quanto tu omnibus praestitisti.*

Und er leitet die Erläuterung für das Verhalten des Deiotarus mit der Geminatio *ignosce, ignosce* und der Anrede *Caesar* ein.
So soll der Abschnitt Caesar durch die Erinnerung an seine eigene frühere Haltung auf eine damit jetzt übereinstimmende Haltung festlegen. Wenn schon Caesar selbst Pompeius geneigt war, dann durfte sich auch Deiotarus irren. Deiotarus dafür zu bestrafen, daß er einmal kurzfristig Pompeius unterstützt hat, würde bedeuten, daß er erst recht sich selbst bestrafen müßte.
Die Verzeihlichkeit der Haltung des Deiotarus wird dann in § 13 mit Einzelheiten unterstützt. Sie zeigen z. T. Parallelen zwischen Deiotarus und Caesar, zum Teil Unterschiede der Art, daß sich eigentlich Deiotarus weniger stark irrte als Caesar.
Deiotarus stand im Bürgerkrieg zunächst auf Seiten des Pompeius,
— weil er ihm auch in früheren Kriegen geholfen hatte *(quem antea ... adiuverat)*
— und weil er mit ihm sogar befreundet war *(quocum erat ... coniunctus)*.

Deiotarus hat Pompeius geholfen
— als *amicus,*
— als *socius,*
— als *evocatus.*

Cicero macht aus den drei Alternativen *(vel — vel — vel)* eine Klimax, die letztlich wieder auf den Gehorsam gegenüber dem römischen Senat führt, mit dem der unwissende Klient Deiotarus Pompeius gleichsetzt — *vel evocatus* steht am Schluß der Aufzählung.
Deiotarus hat Pompeius ferner geholfen, weil er auf der Flucht war, und nicht wie einem Verfolger, er hat also als Milderungsgrund Hilfsbereitschaft *(periculi societatem);* sie wird in einen Gegensatz zu strafverschärfendem Siegeswillen und zur Aggression gesetzt *(victoriae societatem)*.
Daß diese Argumentation der vorigen zum Teil widerspricht, scheint Cicero nicht zu stören. Wer Pompeius mit dem Staat gleichsetzt und deswegen hilft, der muß eigentlich auch Siegeswillen haben.

(4) Transitus §§ 13b—14)

Aufgrund der Behauptung, Deiotarus habe Pompeius nur helfen wollen, weil er auf der Flucht war, aber keinesfalls einen Sieg über Caesar gewünscht, wird es dann sogar positiv gesehen, daß Deiotarus nach der Schlacht von Pharsalus wieder zum siegreichen Caesar übergegangen ist. Vielerlei Gründe führt Cicero dafür an. Für den Verfechter einer moralisch entschiedenen Haltung sind sie fadenscheinig. Für den rationalen Pragmatiker — und Caesar war ein solcher — sind sie trotzdem vertretbar. Es sind drei Gründe:

(a) Spekulation auf einen Sieg darf nicht unbegründet sein, Pompeius hatte sozusagen seine Chance gehabt und verspielt: *spem infinitam persequi noluit.*
(b) Die Pflicht gegenüber Pompeius war durch die zeitweilige Hilfe erfüllt: *vel officio, si quid debuerat, … satis factum esse duxit.*
(c) Die eingangs (§ 10) erwähnte Desinformiertheit hat genug Opfer verlangt und ist jetzt — nach der Niederlage des Pompeius — beendet: *vel errori, si quid nescierat, satis factum esse duxit.*

Cicero formuliert die letzten beiden Gründe als Alternativen *(vel — vel)* und fügt zwei einschränkende Kondizionalsätze hinzu, die nunmehr die früher behauptete Pflichterfüllung und Desorientiertheit in Frage stellen, um der unmittelbar davorstehenden Behauptung, Deiotarus habe keinesfalls einen Sieg über Caesar gewünscht, nicht zu widersprechen.
Cicero mildert so die Widersprüche seines Konglomerats von Entlastungsgründen. Stilistisch und argumentativ hat er dies bereits versucht.

— durch die verhüllende Ausdrucksweise *hoc misero fataliquebello* — dem Schicksal wird hier der Bürgerkrieg zugeschrieben, den er z. B. *ad Att.* X 5(4),2—4 deutlich als Schuld Caesars und des Pompeius bezeichnet;
— durch die angeblich von Deiotarus aus Unwissenheit vorgenommene Gleichsetzung des Bürgerkriegs mit einem Krieg gegen einen nichtrömischen Gegner aus gerechter Ursache *(iustis hostilibusque bellis);*
— durch die Steigerung *non hospitio solum, verum etiam familiaritate coniunctus;*
— durch die wiederholte Umschreibung der kriegerischen Unterstützung mit dem Verb *venire (venit; et venit; postremo venit)* mit Anapher in der Klimax;
— durch die Klimax *vel rogatus ut amicus vel arcessitus ut socius vel evocatus ut is, qui senatui parere didicisset.*

Der Umschlag in die pro-caesarische Haltung wird nicht mit einer Konjunktion eingeleitet, ist unmittelbare Folge aus dem, was so umschrieben wurde: *a Pompeio discessit — noluit — duxit.* Die Folge: *domum se contulit teque Alexandrinum bellum gerente utilitatibus tuis paruit.* Deiotarus kehrt brav nach Haus zurück — Beweis nicht etwa für einen Rückzug, sondern für das Fehlen jeder aggressiven Absicht. Caesar wird hier zweimal genannt *(te, tuis).* Deiotarus überträgt seinen Gehorsam (*vel evocatus ut is, qui senatui* parere *didicisset*) sofort auf Caesar, den er offenbar jetzt als den von Senat und Volk der Römer bestätigen und beauftragten Handlungsträger erkennt: *utilitatibus tuis* paruit).

Es folgt in § 14 gleichsam eine Orgie von Rühmungen des Deiotarus und seiner Hilfe für Caesar mit anaphorischen *ille*-Informationen *(ille — ille — ille iterum — ille tertio — ille)* im Er-Stil der Prädikation.[14] Darin verwoben sind Erwähnungen Caesars *(tu ... delegisti; uterēre; tecumque, tuumque...)* und seiner Beauftragten. Herzzerreißende Bilder vom Einsatz des Deiotarus werden gemalt: Er beherbergt Caesarianer, immer wieder gibt er Geld und versteigert sogar seinen Besitz dafür, sein eigenes Leben setzt er ein, „wirft seinen Körper der Gefahr entgegen", steht Seite an Seite mit Caesar in der Feldschlacht gegen Pharnakes, handelt nach der Maxime ‚Caesars Feind ist mein Feind'. Welch engeren Freund kann man sich wünschen? Cicero faßt alles im Schlußsatz in *quae* zusammen, bringt wieder Deiotarus und Caesar in Verbindung *(a te ..., ut eum ... adfeceris)* und stellt die Leistungen des Deiotarus als längst von Caesar bestätigt hin: Er hat die Leistungen des Deiotarus akzeptiert *(accepta sunt)* und ihn dafür mit der Würde und der Bezeichnung ‚König' geehrt: *eum amplissimo regis honore et nomine adfeceris.*

3. Argumentatio (§§ 15—34)

Die einzelnen Abschnitte der Argumentatio sind:
(1) §§ 15—16.—   (2) §§ 17—18.—   (3) §§ 19—21 a.—   (4) §§ 21 b—22 a.—
(5) § 22 b—24 a.— (6) § 24 b.— (7) § 25.— (8) §§ 26—27.— (9) §§ 28—29.—
(10) §§ 30—34.
Die Argumentatio ist der längste Abschnitt der Rede *pro rege Deiotaro*. In ihr variiert Cicero die bereits im Exordium (§§ 1—7) und in dem ‚Narratio-Ersatz' (§§ 8—14) angesprochenen Themen und gewinnt ihnen stets neue Aspekte ab, die für Deiotarus und gegen die Kläger sprechen.
Über die rhetorische Theorie zur Argumentatio unterrichtet die Textausgabe (B 2 IV). Die stilistischen Beobachtungen sind in die Interpretation der einzelnen Kleinabschnitte integriert.
Gesondert und besonders ist auf die durchgehende Anwendung der *subiectio* hinzuweisen. „Die *subiectio* ist ein in die Rede hineingenommener fingierter (also monologischer) Dialog mit Frage und Antwort (meist mit mehreren Fragen und Antworten) zur Belebung der Gedankenfolge. Der fingierte Dialogpartner ist meist die Gegenpartei, die in der Antwort mit *at ...* widerlegt wird."[15]
Man kann in der Argumentatio der Rede *pro Deiotaro* die folgenden Spielarten der *subiectio* unterscheiden:

(1) Cicero stellt eine Frage an ein unbestimmtes Gegenüber, etwa sich selbst oder das Publikum oder den Richter, und beantwortet sie sodann (vgl. §§ 16,

---

14 Zum Er-Stil der Prädikation vgl. Norden (s. Anm. 9), S. 163—168.
15 Lausberg (s. Anm. 6), Bd. I, S. 381 (§ 771).

18, 33 Mitte, 34). Durch dieses Frage- und Antwortspiel wird der Hörer in die Stimmung des Sprechers hineingezogen.

(2) Cicero zitiert aus der Klage(schrift) der Kläger in der Weise, daß er Bruchstücke daraus zu lebendig vorgetragenen Einwänden gegen seine eigenen Behauptungen macht. Ein eingeschobenes *inquit* oder *ait* trägt zur Distanzierung bei. Auf diese Weise berücksichtigt er die Einlassungen der Kläger und die möglichen Fragen der Richter bzw. des Richters innerhalb seines eigenen Argumentationsganges (vgl. §§ 17, 19, 21, 22, 25).

(3) Cicero stellt den Klägern und Gegnern direkt eine Frage, formuliert sie aber als eine rhetorische Frage oder gibt selbst die Antwort. Es entsteht so ein lebendiger Dialog zwischen Kläger und Verteidiger, ein Streitgespräch, das dem Hörer die jeweils geschilderte Situation oder Sache lebendig vor Augen führt und sie mit den Augen des Verteidigers sehen läßt (vgl. §§ 16, 23, 24, 26, 29).

(4) Cicero stellt — eine Mischung aus Typ 1 und 3 — Fragen über die Kläger an ein unbestimmtes Gegenüber. Die Wirkung ist die wie bei Typ 1 und 3 (vgl. §§ 16, 30).

Daneben gibt es natürlich tatsächliche Fragen an den Richter Caesar und an die Kläger. Über längere Passagen vermeidet Cicero die direkte Ansprache an die Kläger, um sich von ihnen zu distanzieren — vorwiegend gegen Ende der Argumentatio, wenn er Caesar, das anständige Rom, Deiotarus und sich auf die eine Seite, die Kläger als grausame Barbaren auf die andere Seite stellt. Ferner wechselt er zwischen Passagen, in denen er Caesar anspricht, und solchen, in denen er die direkte Ansprache des Richters Caesar vermeidet — an solchen Stellen, wo es um die heiklen Fragen des Verhaltens am Beginn des Bürgerkriegs und die Einnahme eines politischen Standortes zu dieser Zeit geht.

(1) §§ 15—16

Am Beginn des § 15 wird der Inhalt der §§ 13—14 zusammengefaßt: Deiotarus erscheint als enger Freund Caesars und als Mensch, der Caesar viel zu verdanken hat. Der Inhalt des § 13 wird als Rettungstat Caesars formuliert: *a te periculo liberatus*. In § 13 war nur berichtet worden, daß Deiotarus mit Pompeius die Gefahr geteilt *(ad periculi ... societatem)* und ihn nach der Schlacht von Pharsalus verlassen habe. Sollte Cicero also sagen wollen, daß Caesar durch einen Sieg über Pompeius Deiotarus aus der Gefahr befreit habe? Auch in § 14 war von einer Gefahr die Rede, in die sich Deiotarus begeben hatte: *ille corpus suum periculo obiecit*. Was damit gemeint sein konnte, zeigte die Fortsetzung *tecumque in acie contra Pharnacem fuit...* Da schien es aber so, als ob Deiotarus Caesar hälfe und ihn schützte. Jetzt in § 15 ist es umgekehrt. Wenn Cicero mit *a te periculo liberatus* auf § 4 anspielte, dann hätte er dort Caesars Befreiungstat ausgelassen, um die Leistung des Deiotarus herauszuheben, und der Anschluß mit *igitur* wäre überraschend oder unklar. Wenn Cicero mit *a te periculo liberatus* auf § 13 anspielte, ergäbe sich eine sehr halsbrecherische Verbiegung des Siegs über Pompeius zu einer Rettung des Deiotarus.

Die zweite der referierten Leistungen Caesars *(honore amplissimo ornatus)* meint dann auf jeden Fall die am Ende des § 14 erwähnte Verleihung des Titels *rex* an Deiotarus auf Caesars Betreiben. Cicero macht daraus nun den denkbar größten Gegensatz zum Vorwurf der Anklage: *arguitur domi te suae interficere voluisse.* Wer so viel Wohltaten von Caesar empfangen hat, kann ihm nur dankbar sein und ein Attentat nicht nur nicht ausführen, sondern nicht einmal auf den Gedanken dazu kommen. Schon das Referat der Anklage hebt die Unwahrscheinlichkeit und den Gegensatz durch die Wortstellung *domi te suae* mit dem zwischen *domi* und *suae* bildhaft eingefügten *te* (abbildende Wortstellung) und dem so betonten *suae* hervor. Am Ende sowohl des § 15 als auch des § 16 findet sich das Wort *cogitare* und die Zurückweisung der Annahme, Deiotarus könne sich ein solches Verbrechen ausgedacht haben. Von vornherein wird eine solche Annahme auch bei Caesar ausgeschlossen. Caesar müßte denn Deiotarus für einen Irren halten: *quod tu, nisi eum furiosissimum iudicas, suspicari profecto non potes.* Wie also Deiotarus aufgrund seiner Verbindung mit Caesar an ein Attentat nicht einmal gedacht haben kann, kann Caesar aufgrund eben dieser Verbindung mit Deiotarus ein Attentat von seiner Seite her nicht einmal argwöhnen.

Entsprechend stellt § 15 eine Paraphrase des eingangs formulierten Gegensatzes dar.

Mit den folgenden Argumenten will Cicero den Tatvorwurf unwahrscheinlich machen:

(a) im Charakter des angeblichen Täters liegende Gründe (vgl. oben): Deiotarus ist *consideratus, tectus, prudens,* hat *ingenium, prudentia, fides, religio, probitas, mores, constantia, integritas, gravitas, virtus, fides.*

(b) Gründe, die in der Tat und ihren Folgen liegen:
 — Verstoß gegen das *hospitium;*
 — Verstoß gegen den ‚common sense‘;
 — Verstoß gegen die Gesetze der Menschlichkeit und der Dankbarkeit;
 — Zerwürfnis mit allen benachbarten Königen und freien Völkern;
 — Zerwürfnis mit Bundesgenossen und Provinzen;
 — Entfachung eines Krieges „eines gegen alle“;
 — innerliche Entfernung von seinem eigenen Regierungsverständnis (*cum regno ... distractus esset,* vgl. vorher *tyrannum inveniri*);
 — Zerwürfnis mit der Familie, die einzeln beschrieben wird.

(c) Gründe, die im angeblichen Opfer (Caesar) liegen:
 — Caesar hat ihn aus der Gefahr befreit und geehrt, kann also nur Dankbarkeit erwarten;
 — Caesar ist so berühmt, daß er sakrosankt ist;
 — Caesar kennt selbst die Tüchtigkeit und Klugheit des Deiotarus.

Er verwendet bei dieser Argumentation besonders die folgenden stilistischen Mittel:

(a) Praeteritio *ut omittam.* Sie ermöglicht Cicero, die Aufzählung der guten Eigenschaften und die Ausführungen zur Unwahrscheinlichkeit des Tatvorwurfs zu erweitern.

(b) Anaphern *cuius…; quis…; nota…* Sie bewirken ein nachdrückliches Stacca-
to von Argumenten.

(c) Asyndetische Aufzählungen machen den Eindruck der Fülle (z. B. *cum…,
cum…*).

(d) Klimax: mehrfach, z. B. bei den in (b) genannten Anaphern. Immer wird
die Unmöglichkeit herausgearbeitet, daß Deiotarus die ihm zum Vorwurf
gemachte Tat begangen oder ausgedacht haben kann.

(e) Rhetorische Fragen behaupten das Gegenteil (vgl. oben).

(f) Auch aus der Verstellung *(simulatio)*, mit der er einmal mangelnde Denk-
fähigkeit bei Deiotarus annimmt *(At credo…)*, gewinnt Cicero den Anlaß
zu einer erneuten Reihung von Beispielen dafür, daß Deiotarus unmöglich
ein Attentat auf Caesar geplant haben kann.

Ciceros These ist also: Mit einem Attentat gegen Caesar hätte Deiotarus die
ganze zivilisierte Welt gegen sich aufgebracht und Kriege provoziert. Da er weder unüberlegt *(inconsultus, temerarius,* später *imprudens)* noch kriminell ist
(facinerosus), kann er das behauptete Verbrechen weder begangen noch überhaupt sich ausgedacht haben. Dies ist ein ‚künstlicher‘ Beweis (vgl. Textausgabe, B 2 IV B zu den *probationes artificiales*).

Der Beweisführung liegen folgende Syllogismen zugrunde:

(1) a. Ein Attentat auf Caesar ist die Tat eines unüberlegten Menschen.
    b. Deiotarus ist kein unüberlegter Mensch.
    c. Also hat Deiotarus kein Attentat auf Caesar versucht.

(2) a. Ein Attentat auf Caesar ist die Tat eines kriminell veranlagten Men-
        schen; usw.

Cicero verwendet jedoch zunächst die verkürzte Form des Syllogismus, das
Enthymem, und zwar mit Widerspruchsverhältnis (§ 15, erster Satz). Dann beweist er ausführlich und mit vielen stilistischen Tricks, daß Deiotarus weder
verrückt noch kriminell ist. Der Gegensatz von zu erwartender Dankbarkeit
und in der Klage behauptetem Attentat wird in immer neuen Formulierungen
ausgeführt:

— in der Aposiopese *ut enim omittam … inveniri* in zwei Steigerungen, die
  die verschiedenen Beziehungen zwischen Deiotarus und Caesar herausar-
  beiten:
  unter dem Gesichtspunkt ‚*hospes*‘ wäre die Tat ein *scelus*,
  unter dem Gesichtspunkt ‚*lumen*‘ wäre die Tat *importunitas*,
  unter dem Gesichtspunkt ‚*victor*‘ wäre die Tat *ferocitas*,
  unter dem Gesichtspunkt ‚*animus*‘ wäre die Tat ein Beispiel für Unmenschlichkeit und Undankbarkeit eines *tyrannus*;

— im 2. Teil des § 15 wird die Unmöglichkeit, daß Deiotarus ein Attentat ausgeführt oder auch nur ausgedacht haben könnte, unter dem Gesichtspunkt
  der daraus resultierenden Zerwürfnisse mit aller Welt bewiesen: *reges … fi-
  nitimi, liberos populos, socios, provincias, arma, cum regno, cum domo, cum
  coniuge, cum filio.* Zur Steigerung tragen die vielen Formen von *omnis*, die
  Anapher von *cum*, der überraschende Gegensatz *non modo perfecto, sed
  etiam cogitato* bei.

41

— In § 16, 1. Hälfte wird die These in einer *occupatio* mit dem Gegenargument, Deiotarus könne *inconsultus* und *temerarius* gewesen sein, scheinbar zu schwächen versucht. Daraus gewinnt Cicero umso stärkere Behauptungen über den festen Charakter und die Klugheit des Deiotarus. Die entsprechenden Bezeichnungen sind: *consideratior, tectior, prudentior, (ingenium, prudentia,) fides, religio, probitas, mores, constantia, integritas, gravitas, virtus, fides.* Cicero steigert sich von rhetorischen Fragen an ein allgemeines Gegenüber *(quis… quis… quis)* über Aussagen mit dem anaphorischen *nota, noti, nota*, die an Caesar direkt gerichtet sind, zu einer rhetorischen Frage an die ,ganze Welt' *(cui porro, qui modo populi Romani nomen audivit…).*

Eine Tat, die man weder einem Wahnsinnigen noch einem Verbrecher unterstellen kann, kann man erst recht nicht dem tüchtigen und äußerst klugen Deiotarus unterstellen. Cicero steigert also noch seine Anfangsbehauptung.
Seine Argumentation schließt er dann mit einer Formulierung ab, die den Syllogismus zusammenfaßt: *Quod igitur facinus nec in hominem imprudentem caderet propter metum praesentis exiti nec in facinerosum, nisi esset idem amentissimus, id vos et a viro optimo et ab homine minime stulto cogitatum esse confingitis?*

Raffiniert ist, wie Cicero die Argumentation mit der Person Caesars verquickt:

(a) Cicero schmeichelt Caesar durch folgende Ausdrücke und Ausführungen:
 — *omnium gentium atque omnis memoriae clarissimum lumen,*
 — *victorem orbis terrae,*
 — er strahle Autorität aus,
 — die ganze Welt stehe auf seiner Seite.
(b) Cicero macht aus den Schmeicheleien Argumente für die Unschuld des Deiotarus, indem er zu beweisen sucht, daß sich auch Deiotarus als guter und bedachter Mensch dem Eindruck, den Caesar auf ihn und andere macht, nicht entziehen kann und sich nicht mit der ganzen Welt entzweien will. (Umgekehrt wirken die Schmeicheleien besonders gut, weil sie nicht direkt, sondern als Argumente für Deiotarus geäußert werden.)

Ebenso geschickt ist der Wechsel der Beurteilungsstandpunkte:
Cicero spricht entweder direkt zu Caesar oder er drückt sich ohne direkten Adressatenbezug aus, erst am Schluß des Abschnitts spricht er die Kläger an *(confingitis).*
In § 15, 1. Satz *(Is igitur…)* spricht Cicero Caesar an, die Kläger werden durch die Wahl des Passivs *arguitur* verschwiegen. Es geht Cicero darum, aus dem persönlichen Verhältnis des Deiotarus zu Caesar eine vernünftige Haltung bei Deiotarus zu folgern und eine vernünftige Beurteilung Caesars zu postulieren.
In § 15, 2. Satz *(ut enim omittam…)* spricht Cicero niemanden direkt an. Es soll die Verallgemeinerung wirken. Ebenso sollen die Schmeicheleien, die in der Umschreibung des Namens Caesar liegen, objektiviert werden. Die verschiedenen Gesichtspunkte, die erweisen sollen, daß Deiotarus unmöglich ein Attentat geplant hat, sollen objektiv erfaßt werden.

Tafelbild und Aufstellung zu Pro rege Deiotaro 15—16:

| | Die Anklage gegen Deiotarus ist absurd. Deiotarus ist der Inbegriff des guten Menschen! | | | |
Leistungen, Sachen, Personen, die Deiotarus berücksichtigen muß	Klagepunkte und damit verbundene Konsequenzen	allgemeine Beurteilung	Gegendarstellung; Der wahre Charakter des Deiotarus	Beurteiler
a te periculo liberatus RETTUNG DURCH CAESAR	*argitur domi te suae interfi-cere voluisse* ATTENTATSVERSUCH AUF CAESAR IM EIGENEN HAUS	*nisi eum furiosissimum iudicas* VÖLLIGER WAHNSINN *suspicari non potes* UNDENKBAR	*consideratior* *tectior* *prudentior* *ingenium* *prudentia*	Cicero und alle
honore amplissimo ornatus EHRUNG DURCH CAESAR				Cicero
in conspectu deorum penatium GÖTTER	*necare hospitem* Verstoß gegen die GASTFREUNDSCHAFT	*cuius tanti sceleris fuerit?* VERBRECHEN	*fides* *religio vitae*	Cicero
omnium gentium atque omnis memoriae clarissimum lumen WELTMEINUNG	*extinguere*	*cuius tantae importunitatis?* RÜCKSICHTSLOSIGKEIT	*probitas* *mores* *constantia*	Caesar
victorem orbis terrae MACHT	*non extimescere* Verstoß gegen MENSCH-LICHE AFFEKTE	*cuius ferocitatis?* UNMENSCHLICHE WILDHEIT	*integritas* *gravitas*	die ganze Welt
a quo rex appellatus esset EINSCHRÄNKUNG DURCH CAESAR	*in eo tyrannum inveniri* ENTTÄUSCHUNG DER EINSCHÄTZUNG CAESARS	*cuius tam inhumani et ingrati animi* VÖLLIGE UNMENSCH-LICHKEIT UND UNDANKBARKEIT	*virtus* *fides*	
omnis reges ..., omnis liberos populos, omnis socios, omnis provincias, omnia ... omnium arma ALLE ANDEREN VÖLKER UND MACHTHABER	*contra se unum excitare* ATTENTATSVERSUCH BEDEUTETE EIGENEN TOD	*cuius tanti furoris fuit?* VÖLLIGER WAHNSINN		
cum regno, cum domo, cum coniuge, cum carissimo filio ALLE PRIVATEN BEZÜGE UND BEZIEHUNGEN	*distractus esset tanto scelere non modo perfecto, sed etiam cogitato* ZERWÜRFNIS MIT ALLEN	*quonam modo?* ATTENTATSVERSUCH UNDENKBAR Oder ist Deiotarus inconsultus et temerarius? Nein!	*vir optimus* *homo minime stultus*	alle

43

In § 15, 3. Satz *(Quonam...)* ist es ebenso, jedoch bezieht die rhetorische Frage Caesar schon wieder formal in den Gedankengang ein. Es geht ja um die mitleidige Beurteilung eines hypothetisch formulierten Seelenzustandes des Deiotarus.

In § 16, 1.—3. Satz ist es ähnlich.

In § 16, 4. Satz *(Nota...)* wird Caesar wieder ausdrücklich genannt und angesprochen. Er darf sich nicht den vorher allgemein formulierten Erwägungen verschließen. Die direkte Nennung Caesars ist ferner Ergebnis der vorausgegangenen Überlegung, Deiotarus müsse „an dieser Stelle" *(hoc loco)* mit seiner Zuverlässigkeit und seiner im Leben gezeigten Scheu oder Achtung verteidigt werden. Daher die dreifache Betonung *nota — noti — nota* und der Bezug direkt auf den Richter Caesar.

In § 16, 5. Satz *(Cui porro...)* wird Cicero wieder allgemein. Die Übereinstimmung von Caesars Wissen und dem öffentlichen Wissen, dem Wissen der ganzen Welt, wird konstatiert als Vorbereitung auf den Clou des 6. Satzes.

In § 16, 6. Satz *(Quod igitur...)* spricht Cicero zu den Klägern. Sie werden von Caesar und aller Welt getrennt. Auf sie trifft eine Art Umkehrung der gegenüber Caesar geäußerten These aus § 15, 1. Satz (am Ende) zu. Zu Caesar hatte Cicero gesagt: Den Inhalt der Klage kannst du nicht einmal im Argwohn glauben, außer wenn du Deiotarus für völlig wahnsinnig hältst. Zu den Klägern sagt nun Cicero: Ich habe bewiesen, daß man weder einem unvorsichtigen noch einem verbrecherischen Menschen eine solche Tat zutrauen könnte. Deiotarus ist weder unvorsichtig noch verbrecherisch. Ihr aber erfindet, daß er diese Tat ausgedacht habe. Damit legt Cicero den Gedanken nahe: Entweder halten die Kläger Caesar für verrückt, oder sie sind selbst verrückt.

(2) §§ 17—18

Die Klage ist ohne jedes glaubwürdiges und nachvollziehbares Verdachtsmoment. Es hätte überhaupt kein Anlaß für Deiotarus bestanden, einen Arzt zum Mitwisser zu machen, wenn er nicht einen Giftmord, sondern einen bewaffneten Überfall geplant hat. Diesen wie den folgenden Abschnitt leitet Cicero mit einem *at* und einem Ausruf ein. Er zitiert Äußerungen eines Klägers und führt sie ad absurdum.

Nach der einleitenden halb empörten, halb belustigten Feststellung, daß der erfundene Klagepunkt nicht einmal für einen Verdacht reiche, zitiert er den Kläger *(cum ... conlocati)*, scheint sich dann voller Begeisterung auf den endlich doch gefundenen Klageanlaß zu stürzen *(En crimen, en causa, cur regem fugitivus, dominum servus accuset!)*, schildert dann seine Vermutung, daß man mit einem Arzt als bestochenem Zeugen sicher den Vorwurf des Giftmordes erwarten sollte *(Ego ... veneni)*, und begründet diese Vermutung mit der allgemeinen Erfahrung *(Etsi ... abhorrebat)*, konfrontiert dann die Enttäuschung der Erwartung *(quid ait ... veneno)*, fügt ihr Überlegungen dazu an, wie viel geschickter doch ein Giftmord gewesen wäre *(At id fieri ... celasset)*, und kann schlußfolgern, daß Deiotarus seinem Arzt wenn schon keinen Giftmordplan,

dann auch keinen anderen Attentatsplan anvertraut haben und somit Pheidippos nichts wissen und nichts bezeugen kann *(quod igitur ... noluit?)*.
Wieder verwendet Cicero den Syllogismus in der verkürzten Form des Enthymems. Ausgearbeitet würde der Syllogismus etwa so lauten:

Deiotarus hat den Arzt nicht für das Attentat ins Vertrauen gezogen:
(1) Einem Arzt vertraut man einen Giftmord an.
(2) Der Arzt beschuldigt Deiotarus keines Giftmordplans.
(3) Also hat Deiotarus den Arzt nicht ins Vertrauen gezogen.

Cicero baut in diesem Teil seiner Argumentation auf der vorhergehenden Darlegung auf, daß Deiotarus ein rechtschaffener und überlegter Mann sei (§§ 15—16). Entsprechend kann er damit argumentieren, daß Deiotarus doch sicher ein verborgenes Mittel zum Attentat gewählt hätte. Sonst hätte man einwenden können: Deiotarus ist eben nicht geschickt gewesen; oder umgekehrt: er ist eben besonders geschickt gewesen und hat nicht den nächstliegenden Weg gewählt. Heute würde die Kriminalpolizei gerade gegenüber einem ganz passenden und stimmigen Zusammenhang skeptisch werden, weil er konstruiert aussieht.
Cicero schildert als gelernter und meisterlicher Anwalt die der Klage entsprechend vorzustellende Szene plastisch: Bewaffnete sollen an der Stelle des Palastes gelauert haben, wo Deiotarus Caesar die Gastgeschenke übergeben wollte. Zwischen Bad und Mahlzeit sollte er dort ermordet werden.
Er zerpflückt diesen Anklagepunkt dann unter Zuhilfenahme vieler rhetorischer Tricks und Schaumittel:

— Ironie mit anaphorischem *en* und Ausruf: *En crimen, en causa, cur regem fugitivus, dominum servus accuset!*
— Parallelisierung eines Doppelausdrucks, der an die im Exordium (§ 3) bedrohlich vor Augen gestellte Gefahr für den Staat erinnert:
  regem fugitivus
  dominum servus accuset;
— diese Erinnerung bestärkendes Hyperbaton *servo, ut putabat, fideli;*
— direkte Anrede Caesars mit volkstümlicher Interjektion *mehercules;*
— Herabwürdigung des Klägers oder Zeugen Pheidippos als *fugitivus* (17), als *medicus callidus* und *servus, ut putabat, fidelis* (18) und Verweisung des Klägers in seine (Standes-) Schranken *(servum regium, 17, et servo, 18)*;
— Zitierung von Äußerungen des Gegners und eigener Überlegungen;
— vorgeführte Überlegung in einem kurzen lakonischen Satz *(quid ait medicus?)*;
— Ellipse beim Kernsatz *nihil de veneno;*
— asyndetische Reihung bei der Darstellung des Üblichen *(in potione, in cibo)*;
— argumentum a minore ad maius (vgl. Textausgabe B 2 IV H2) in syndetischer Form: *quod igitur et conari occultius et efficere cautius potuit, id tibi, et medico callido et servo, ut putabat, fideli, non credidit?;*
— rhetorische Frage mit Anapher von *de* und asyndetischer Aufzählung *(de armis, de ferro, de insidiis)*.

Cicero verwendet hier Stilmittel des *genus tenue* und setzt entsprechend auch seinen Spott sachangemessen ohne starke Herabsetzung des Gegners ein (vgl. *Orator* §§ 87—88).

(3) §§ 19—21a

Der dritte Abschnitt der Argumentatio bringt gleichsam ein fiktives Kreuzverhör. Die Klagepunkte Castors werden zitiert und scharf und voller Spott als völlig unwahrscheinlich und widersprüchlich entlarvt. Dabei wechselt der Verteidiger zwischen Ausrufen, Zitaten, Überlegungen, Beschimpfungen des Klägers und Anreden und Bitten an den Richter Caesar. Die Gangart wird also gegenüber dem vorhergehenden Teil härter. Der vorhergehende Teil hat die Einleitung zu diesem Teil nahegelegt: Cicero beginnt mit dem ironischen *At quam festive crimen contexitur!* Das Gegenteil wird erwiesen. *„Tua te"*, inquit, *„eadem, quae saepe, fortuna servavit: negavisti tum te inspicere velle".* Damit hat der Kläger begründen wollen, daß Caesar von dem geplanten Attentat nichts gemerkt hat. Er beruft sich dabei geschickt auf Caesars besonderes Verhältnis zur *fortuna,* das dieser selbst gern und immer wieder betonte. Man vergleiche etwa seinen Ausspruch, den er gegenüber dem Steuermann des Schiffes tut, das ihn im Bürgerkrieg aus dem gefährdeten Apollonia auf dem Fluß Aous nach Brundisium zurückbringen soll. Es entwickelt sich ein hoher Wellengang und der Steuermann will umkehren, aber Caesar gibt sich in seiner Sklavenverkleidung zu erkennen, nimmt den Steuermann an der Hand und sagt: „Auf, Guter, habe Mut und fürchte nichts! Caesar fährst du und Caesars Glück, das mit ihm fährt." (Plutarch, *Caesar* 38).[16]
Aber Cicero macht aus dem Vorbringen Castors eine Absurdität. Hätte Deiotarus — einen Mordplan vorausgesetzt — nicht ein, zwei Stunden seine Truppen im Hinterhalt warten lassen können, bis Caesar endlich nach dem Essen die Gastgeschenke entgegennahm? — Aber auch aus Caesars Sicht dürfte sich keine Vermutung eines Attentatsplanes ergeben. Cicero fordert Caesar dringlich auf *(obsecro),* sich seinen Besuch bei Deiotarus zu vergegenwärtigen. Er habe nicht das geringste Anzeichen für einen Verdacht bekommen können. Sollten also, so könnte man diesen Gedanken weiterdenken, die Kläger klüger sein als der vorsichtige und klardenkende Caesar?
Cicero bringt diese Argumentation auf die abschließende witzig-pointierte Formel: *Quid igitur causae excogitari potest, cur te lautum voluerit, cenatum noluerit occidere?*
Die vielen c-Laute, die Verlagerung vom Sein ins Vorstellen (*excogitari* statt *esse*), die parallele Wortstellung *lautum voluerit, cenatum noluerit,* eine Art Paronomasie mit inhaltlich sinnvoller Antithese von *velle* und *nolle* und inhaltlich sinnloser von *lautum* und *cenatum,* geben Castors Argumentation der Lächerlichkeit preis.

---

16 Zu Caesar und seinem Glück vgl. u. a. W.-H. Friedrich: Cato, Caesar und Fortuna bei Lucan, jetzt in: Dauer im Wechsel. Aufsätze von W.-H. Friedrich, hg. von C. J. Classen und U. Schindel, Göttingen 1977, S. 303—335.

Cicero verquickt diesen Abschnitt mit einer Rühmung der Gastlichkeit des Deiotarus, und er vergleicht diese Gastlichkeit mit der des Königs Attalus gegenüber Publius Africanus. Auch wenn sonst nirgends überliefert ist, daß P. Cornelius Scipio Aemilianus Africanus minor von Attalus als Gratulation für seinen Sieg in Spanien 133 v. Chr. Geschenke geschickt bekam (sondern nach Livius, *periocha* 57, Geschenke von dem Syrerkönig Antiochos VII. Sidetes bekam), ist doch der Vergleich im historischen Exemplum ehrenvoll für den Richter und für den Beklagten: Caesar wird in seinem Sieg über die Pompeianer mit dem Eroberer Karthagos und dem Sieger im bedrohlichen Spanienkrieg gleichgesetzt, Deiotarus mit dem größten ausländischen Römerfreund, der sein Reich testamentarisch Rom vermachte.

Die Textüberlieferung bietet hier Probleme. In § 17 heißt es nach den Handschriften: *Cum, inquit, Luceium venisses et domum regis hospitis tui devertisses...* In § 21 heißt es: *In posterum, inquit, diem distulit, ut, cum in castellum Luceium ventum esset, ibi cogitata perficeret.* Man weiß nicht, wie man sich das vorzustellen hat. Nach Strabo 12,5,2 hatte Deiotarus zwei Burgen, eine für den Staatsschatz, Peion, eine als seine Residenz, Blukion. Von einem Ort Luceium ist nichts überliefert. A. C. Clark ändert in seiner Ausgabe[17] in § 17 *Luceium* in *Blucium*. Dafür scheint zu sprechen, daß dort auch vom *domus regis* die Rede ist. Aber was wäre dann mit *castellum Luceium* in § 21 gemeint? Handelt es sich um denselben Ort in § 17 und § 21? In § 21 scheint gerade ein anderer Attentatsort als in § 17 vorausgesetzt zu sein. Die Handschriften gehen von einem einzigen Ort aus. So muß man ihnen voll folgen, ihre Differenzierung zwischen *domus regis* und *castellum* übernehmen und auch in § 9 den Ausdruck *rediturum* beachten. Wahrscheinlich befindet sich Caesar in *Blucium* (Blukion), das in *Luceium* verschrieben worden sein kann. Er besucht den Burgpalast des Deiotarus *(domum regis)*. Dort gibt es einen Ort, an dem die Geschenke liegen und angeblich die Bewaffneten warten *(locus)*. Caesar geht ins Bad *(balneo)*. Dann will ihn Deiotarus zu dem Attentatsort führen *(huc ducere volebat)*. Caesar sagt: „Nein, jetzt will ich die Geschenke und den Ort, an dem sie sich befinden, nicht besichtigen *(negavisti tum te inspicere velle)*. Nach dem Essen komme ich dorthin zurück *(eodem te, cum cenavisses, rediturum)*." Also muß der Ort, an dem die Geschenke sind, nahe dem Bad sein, der Ort, an dem gegessen wird, aber weiter davon entfernt. Dann folgt das Essen *(convivio, § 19)*. Dann geht Caesar zu dem Ort der Geschenke *(illuc isti, ut dixeras, § 19)*. Er wird *nicht* überfallen, sondern bekommt vielmehr die Geschenke präsentiert *(quod cum..., § 19)*. Dann geht Caesar in sein Schlafgemach *(tu in cubiculum discessisti, § 19)*. Aus dem Ablauf folgert Cicero, daß weder nach dem Bad noch nach dem Essen ein Überfall geplant gewesen sein kann, und fordert Caesar auf, dies in Erinnerung an den geruhsamen Ablauf des Tages zu bestätigen. Der Überfall, wenden die Kläger ein, ist angeblich auf den nächsten Tag und auf die Zeit nach der Ankunft im *castellum* verschoben worden. Damit sind entweder die Repräsentationsräume des Königs gemeint, so daß Caesars *cubiculum* eher ein Zelt außerhalb der Burg gewesen wäre. Oder es ist jetzt Blu-

---

17   M. Tulli Ciceronis Orationes rec. A. C. Clark, Bd. II, Oxford [2]1918 u. ö.

cium gemeint, und Caesar hätte dorthin reisen wollen, der geschilderte Vorgang aber hätte sich in Peion abgespielt (so Fuhrmann[18]).

Cicero gesteht, daß die Einlassung der Kläger nicht leicht widerlegbar ist (*non video...*, § 21). Aber er scheint nicht weiter auf sie einzugehen; denn sodann ist wieder von einer Einlassung des Pheidippus die Rede, die noch einmal die gerade von Cicero im eigenen Namen geschilderten Vorgänge wiederholt, ihnen aber trotzdem widerspricht. Man vergleiche:

§§ 19—20	§ 21
Cum in convivio *comiter et iucunde* fuisses, tum illuc isti, ut dixeras	Cum *vomere* post cenam te velle dixisses, in balneum te ducere coeperunt; ibi enim erant insidiae
in cubiculum discessisti	in cubiculo malle dixisti.

Indem Cicero seine eigene Darstellung und die Erinnerung Caesars mit der Aussage des Pheidippos konfrontiert, nimmt er dieser die Glaubwürdigkeit. Ebenso nimmt er sie ihr durch die einfache Überlegung, ob die Bewaffneten nicht vom Bad ins Schlafzimmer Caesars hätten kommen können. Damit scheint er auch die Behauptung, der Anschlag sei in das *castellum* verlegt worden, zu widerlegen. Er geht auf diese als verdachterregend bezeichnete Einlassung nicht ein, entweder weil er kein Gegenargument hat oder weil Caesar gar nicht nach Blucium gekommen ist. In der Schilderung im ‚Bellum Alexandrinum‘ steht an der entsprechenden Stelle nichts davon (*c.* 67—68).

Die ständige Wiederholung der Einlassungen des Pheidippos mit dem aufdringlich und spöttisch immer wieder betonten *inquit*, die Konfrontation mit Ciceros eigener Darstellung, die Hervorhebung, daß nach den Angaben des Pheidippos *fortuna* gleich zweimal hintereinander Caesar gerettet hat (§ 19: *tua te — inquit — eadem, quae saepe, fortuna servavit*; § 21: *eadem tua fortuna servavit*), die jeweils anschließenden Witze (§ 20 Ende; § 21 Mitte, *Quid?...*), der Erweis der vielen Absurditäten, das alles löst die Behauptungen des Pheidippos tatsächlich in nichts auf und macht die Beschimpfung einleuchtend: Er bringt ja nicht nur Widersprüchliches vor, er verleumdet nicht nur seinen Herrn, er belästigt den Richter.

(4) §§ 21b—22a

Der vierte Abschnitt der Argumentatio beginnt mit einer Bekräftigung, daß der Vorwurf eines Attentats nichtig sei, und zwar in drei kurzen Sätzen, die dasselbe besagen, so daß eine Epimone entsteht:

— Wendung an den Richter Caesar: *Habes crimina insidiarum;*
— erläuternde Aussage über Pheidippos: *nihil enim dixit amplius;*
— erläuterndes Zitat des Pheidippos: „*Horum*“, inquit, „*eram conscius.*“

---

18 M. Fuhrmann: Cicero, Sämtliche Reden, Bd. 7, Zürich/München 1982, S. 68.

An den dritten Satz schließt Cicero höhnische Bemerkungen an, die Pheidippos' Mitwisserschaft widerlegen sollen: Wie sollte Deiotarus — gesetzt, er habe tatsächlich ein Attentat geplant und Pheidippos zum Mitwisser gemacht — gerade ihn nach Rom fortgehen lassen und so Gefahr laufen, daß das — angebliche — Attentat auffliegt? Das ist unwahrscheinlich. Cicero sagt, da wäre Deiotarus ja wahnsinnig gewesen *(demens)*, und beweist es in vielerlei stilistischer und argumentativer Variation:

— einleitendes höhnisches *quid tum?;*
— rhetorische Frage *Ita ille demens erat, ut* usw.;
— langer komplizierter Satzbau in dieser rhetorischen Frage (vgl. Satzabbildung);
— freie Konstruktion in dieser Frage: Der abschließende *praesertim cum*-Satz gerät in eine freiere Beziehung zum ganzen Satz; man ist sich beim Hören nicht bewußt, ob er direkt vom Hauptsatz oder von einem der vorhergehenden Gliedsätze abhängt (so die Satzabbildung); er soll für sich wirken, aber wie die anderen Sätze bzw. Satzabschnitte eine Mitwisserschaft des Pheidippos als absurd erweisen;
— Aufsplitterung des Gedankens in kleine Einheiten, Etappen des angeblichen Vorgangs, mit einer Art Epipher *(dimitteret — mitteret);*
— unangenehm viele *s*-Laute im ganzen *ubi*-Satz außer im letzten Wort *indicere,* das so hervorsticht;
— Zitat einer Einlassung des Pheidippos *(„Et fratres meos",* inquit, *„quod erant conscii, in vincla coniecit");* die Einlassung beginnt mit einem unklaren *et,* das nicht ‚auch' meinen kann, also steigernd sein muß (‚sogar'), und will die Unwahrscheinlichkeit, daß Pheidippos ungehindert den Hof des Deiotarus verlassen konnte, dadurch wahrscheinlich machen, daß er andere Verwandte erwähnt, die gefangen gehalten werden; dieses Argument ist so schlecht nicht, weil die gefangenen Brüder ja Geiseln sein könnten;

Satzabbildung zu § 21 Ende:

HS	Ita ille demens erat,
GS₁	ut eum,
GS₂	quem conscium tanti sceleris habebat,
GS₁	ab se dimitteret, Roman etiam mitteret,
GS₂	ubi et inimicissimum sciret esse nepotem suum et C. Caesarem,
GS₃	cui fecisset insidias
GS₂	praesertim cum is unus esset,
GS₃	qui posset de absente se indicare?

49

— Abschluß des Abschnitts mit einer absurden Folgerung, in der Cicero das Argument aus der Einlassung des Pheidippos wegwischt: Warum sollte einzig Pheidippos anders behandelt worden sein? Cicero formuliert den Abschluß voller Antithesen und Parallelen:

cum eos vinciret ↔ *te solutum*
quos secum habebat ↔ *Romam mittebat*
quae illos scire dicis ≅ *qui eadem scires;*

eins kann demzufolge nur stimmen, entweder die Gegensätze oder die Parallelen zwischen Pheidippos und seinen Brüdern. Beides zusammen entbehrt jeder Wahrscheinlichkeit.

(5) §§ 22b—24a

Der fünfte Teil der Argumentatio nennt zunächst zwei Punkte als Rest der Klage:

— *una regem in speculis semper fuisse, cum a te animo esset alieno;*
— *exercitum eum contra te magnum comparasse.*

Der zweite Klagepunkt wird sofort widerlegt (§ 22b—24a). Der erste wird danach (§§ 24a—27) in einer Vielzahl von Einzelheiten dargestellt und in einer ebensolchen Vielzahl von Einwendungen und zusätzlichen Bemerkungen widerlegt. Die dabei vorgebrachten Indizien für eine caesarfeindliche Haltung des Deiotarus nimmt Cicero zum Anlaß, Deiotarus, seinen Charakter, seine Haltung und seine Taten ausführlich zu würdigen und zu preisen. Deiotarus erscheint dabei wie im Exordium als Ausbund römischer Tugenden und als Verkörperung eines idealen Herrschers wie Caesar selbst.

Ciceros Behauptung „über das Heer will ich nur kurz sprechen, ebenso beim übrigen" stimmt also nur mit Einschränkungen.

Zum Vorwurf, Deiotarus habe ein großes Heer gegen Caesar zusammengestellt, sagt Cicero folgendes:

(a) Deiotarus hatte immer nur ein Heer zur Verteidigung und zum Schutz gegen Räuber und zur Unterstützung römischer Feldherrn, nie für einen Aggressionskrieg gegen Rom. Außerdem kann er sich jetzt nur noch ein kleines Heer leisten.

(b) Für heutige Leser etwas kryptisch klingt der folgende Abschnitt § 23: „Aber Deiotarus schickte Boten zu einem gewissen Caecilius", lautet ein weiterer Punkt der Klage, der die Behauptung untermauern soll, Deiotarus habe ein großes Heer gegen Caesar aufgeboten. Dieser Caecilius ist der Pompeiusanhänger Q. Caecilius Bassus, der nach der Schlacht von Pharsalos nach Phoenizien floh, dort Truppen aufstellte und mit ihnen den anstürmenden Caesarianern lange standhielt. Wieder ein gefährliches Indiz. Cicero zerpflückt die Argumente der Kläger:

Daß der König keine geeigneten Boten hatte und daß beauftragte Leute ihm nicht gehorchten, ist unwahrscheinlich, ebenso, daß Befehlsverweigerer in einer so wichtigen Angelegenheit ins Gefängnis geworfen statt hingerichtet wurden

(§ 23). Diese drei Argumente bringt Cicero in der Form einer Praeteritio, wobei er die drei unwahrscheinlichen Aussagen der Kläger scharf durch *aut* abtrennt (Polysyndeton). Die Form der Frage ist die indirekte Wahrscheinlichkeitsfrage.

(c) Dann aber bringt Cicero weitere Argumente, die die Beschuldigung unwahrscheinlich machen. Sie sind auf den Sieger Caesar gemünzt. Wußte denn Deiotarus nichts von der Niederlage der Pompeianer? Cicero spricht den Namen nicht aus, er sagt *utrum causam illam victam esse nesciebat?* Deiotarus wußte dies, wie schon in § 13 gezeigt worden ist. Oder hielt Deiotarus Caecilius für einen großen Mann? Deiotarus kennt die römischen (Verhältnisse und) Menschen, sagt Cicero. Also muß er Caecilius verachten, weil er ihn (als Verlierer gegen die Caesarianer) kennt oder weil er ihn (als total Unbedeutenden) nicht kennt. Cicero formuliert bekräftigend *(profecto)* und mit Epipher *(nosset — nosset)*. Caesar wird die Begründung der Widerlegung gern gehört haben. Deiotarus erscheint unversehens als genauer Kenner der Römer — in den §§ 10—11 wurde er gerade wegen seiner Unkenntnis am Rande der Welt entschuldigt. Ferner erscheint er als Bewunderer von Durchsetzungskraft und von Siegernaturen — was seiner Charakterisierung als berühmter Kriegsmann entspricht, nicht aber der Charakterisierung als ausgewogen (§ 16).

(d) Auch § 24a soll noch den Vorwurf widerlegen, daß Deiotarus ein großes Heer gegen Caesar habe aufbieten wollen. Die Sache, um die es jetzt geht, ist aber, wie es scheint oder wie Cicero vorgibt, so unbedeutend, daß die Zielrichtung der Argumentation nicht ganz klar wird. Deiotarus soll Caesar nicht die besten Reiter zur Verfügung gestellt haben *(equites non optimos misisse)*, und einer (einer!) von diesen Reitern habe sich als Sklave herausgestellt. Beide Indizien können bereits zum Vorwurf gehören, Deiotarus sei Caesar feindlich gesinnt (dazu §§ 24b ff.), sie können aber auch noch den Vorwurf stützen, Deiotarus habe ein Heer gegen Caesar aufgestellt — und deswegen Caesar nur Ausschuß geschickt, um wenigstens dem Anschein der Hilfeleistung zu genügen. Der Einsatz von Sklaven war im römischen Heer nur in extremen Notfällen erlaubt. Cicero dazu: Im Vergleich mit Caesars Reiterei ist natürlich die des Deiotarus nicht die beste, aber er hat schon ausgesuchte Leute geschickt. Von einem Sklaven weiß er nichts. Wäre tatsächlich einer dabeigewesen, so bestimmt nicht durch Verschulden des Deiotarus. Der kurze Abschnitt hat eine lakonische Ausdrucksweise, Ellipsen — *(eum) … misisse; (equites Deiotari) nihil ad tuum equitatum (fuisse); nescioquem … iudicatum (esse)* —, Anaphern *(non … non)* in Kurzsätzen *(arbitror, audivi)*, Polyptoton *(arbitror, arbitrarer)*. Cicero kann sich bei nur einem Sklaven diese Argumentation und diese Form gut erlauben.

In den §§ 23—24 hat Cicero seine Haltung — wie öfters — demonstrativ verändert, erst den Kläger zitiert und einen fiktiven Dialog geführt *(At misit … Non quaero…)*, dann eine ironische rhetorische Frage gestellt und sich dabei doch verächtlich an den Kläger gewendet *(Sed tamen … istum* (Pronomen der 2. Person) *magnum hominem putabat?)*, dann selbstbewußt seine Kenntnis des Menschen Deiotarus vorgetragen *(quem profecto…)*, dann noch zwei Klagepunkte zitiert, jedoch nicht wörtlich, sondern in indirekter Rede, durch ein einleitendes *addit* und *ait* vermittelt, also wohl bereits zu Caesar gewandt; und da nun wendet er sich in eigener Person mit seinen eigenen Ansichten *(credo, arbitror, audivi, arbitrarer)* an den Richter Caesar, den er direkt beim Namen nennt und zur Zustimmung zu seinen Meinungen aufruft.

Diese Distanzierung vom Kläger und diese Annäherung an den Richter mit Erwähnung der guten Gesinnung des Beklagten helfen Cicero nun, auch mit der Widerlegung des heikleren Vorwurfs der caesarfeindlichen Gesinnung des Deiotarus zu beginnen.

(6) § 24b

Mit § 24b beginnt die Argumentation zum Vorwurf, Deiotarus sei Caesar feindlich gesinnt. Sie reicht bis § 27, ist also entgegen der Ankündigung in § 22 *(de exercitu dicam breviter, ut cetera)* lang.

Cicero fragt zunächst wiederum lakonisch verkürzt nach Belegen, aus denen die feindliche Gesinnung des Deiotarus hervorginge *(alieno autem a te animo: quo modo?)*. Es muß offenbleiben, ob Cicero diesen Satz mit den vielen Hiaten gesprochen, was ein ungläubiges Staunen ausdrücken könnte, oder ob er alle Hiate durch Synaloephen überbrückt hat, was eher bedrückte Trauer zeigte. Ich vermute, daß die Hiate deutlich zum Ausdruck gebracht wurden: *alieno — autem, te — animo,* und dann in die erstaunte, die Widerlegung vorwegnehmende und die Endungen aus *alieno* und *animo* aufnehmende Frage mündeten: *quo modo?*

Cicero beginnt mit einer hypothetischen Darlegung, wie sich während des Krieges in Alexandria die feindliche Gesinnung des Deiotarus hätte zeigen können. Als Caesar 48 v. Chr. Alexandria besetzte und den Thronstreit zwischen Cleopatra und ihrem Bruder Ptolemäus zugunsten Cleopatras entschied, schloß ihn das Heer des Ptolemäus in der Burg ein. Caesar mußte einen langen Abwehrkrieg führen, bis im Frühjahr 47 seine eigenen Truppen aus Kleinasien kamen und ihn befreiten. Cicero geht nun von der ironischen Vermutung aus, Deiotarus könne gehofft haben, daß Caesar nicht aus Alexandria entkommen könne wegen der Lage zwischen dem Meer und der Mareotissee *(speravit, credo, difficilis tibi Alexandreae fore exitus propter regionum naturam et fluminis)*. Dem hält er die Tatsachen entgegen: Deiotarus hat Geldzahlungen geleistet, die Truppen in Kleinasien verpflegt, deren Befehlshaber in allem unterstützt. Das kann niemand tun, so scheint Cicero nahezulegen, der mit Caesars Niederlage und Tod rechnet. Daß es sich hierbei um eine kontinuierliche caesarfreundliche Haltung des Deiotarus handelt, zeigt erstens die asyndetische Aufzählung *(dedit, aluit, non defuit);* zweitens zeigt es der folgende Satz, der streng genommen nichts mit dem Alexandrinischen Krieg zu tun hat, sondern nur eben diese Kontinuität der Caesarfreundlichkeit untermauern soll: Als Caesar in Alexandria gesiegt hatte, hat ihm Deiotarus in Kleinasien nicht nur Gastfreundschaft gewährt *(hospitium,* jene Aufnahme, bei der er das Attentat versucht haben soll), sondern er hat mit ihm auch Kriegsgefahr geteilt *(ad periculum etiam atque — genauer erklärendes atque — ad aciem praesto fuit)*. Den Einsatz im Krieg gegen Pharnakes hat Cicero schon wie die Geldzahlungen in § 14 erwähnt und in den §§ 14—15 mit dem Hinweis auf Caesars Dank gekrönt: Caesar hat Deiotarus zum *rex* ernannt bzw. ernennen lassen und er hat ihn aus Lebensgefahr befreit, in die er gerade durch seinen Einsatz für Caesar geraten war. Cicero formuliert hier, in § 24, diese Argumente besonders schlicht, reihend, lapidar. Sie können für sich wirken, nachdem sie in § 14 schon hochpathetisch formuliert worden sind.

(7) § 25

Die Situation im Afrikanischen Krieg umschreibt Cicero so: *Graves de te rumores, qui etiam furiosum illum Caecilium excitaverunt.* Mit den bösen Gerüchten sind Nachrichten von Niederlage und Tod Caesars im Kampf gegen die Pompeianer in Africa gemeint. Der verrückte Caecilius wurde in § 23 erwähnt, und schon dort hat Cicero gezeigt, daß Deiotarus von Caecilius nichts gehalten hat. Jetzt fragt Cicero erneut nach der Gesinnung des Deiotarus (*quo tum rex animo …?*). Er stellt eine rhetorische Frage an Caesar, die sich von selbst für Deiotarus positiv beantwortet, denn er zeigt zunächst in einem Relativsatz wieder dessen Verzicht auf persönliches Eigentum wie in § 14. Cicero steigert die Formulierungen aus § 14, indem er statt der dortigen pathetischen Anapher jetzt das innige Verhältnis des Deiotarus zu Caesar hervorhebt, gleichsam dessen Herzblut fließen läßt:

§ 14	§ 25
ille excercitum ... sustentavit; ille ... pecuniam misit; ille iterum, ille tertio auctionibus factis pecuniam dedit.	qui auctionatus sit seseque spoliare maluerit quam tibi pecuniam non subministrare.

Dem Erweis der caesarergebenen Haltung des Deiotarus auch während des Afrikanischen Krieges fügt Cicero noch die Widerlegung eines nebensächlichen Klageindizes an, das er zunächst ausführlich zitiert: („*At eo*", inquit (Castor?) „*tempore ipso Nicaeam Ephesumque mittebat, qui rumores Africanos exciperent et celeriter ad se referrent*" usw.). Deiotarus soll sich eifrig (Imperfekt *mitt-eba-t*) immer wieder nach dem Wahrheitsgehalt der genannten Gründe erkundigt haben und auf die Nachricht, Domitius sei durch Schiffbruch umgekommen, einen griechischen Vers uns unbekannter Herkunft zitiert haben: *Pereant amici, dum inimici una intercidant,* „Sollen doch die Freunde umkommen, wenn nur mit ihnen zusammen auch meine Gegner zugrundegehen!"
Domitius war von Caesar in Kleinasien zurückgelassen (vgl. § 24), später nach Nordafrika beordert worden. Auch die Nachricht von seinem Tod war falsch wie die über Caesars Tod in Afrika.
Ciceros Argumentation ist dreigeteilt und zeigt an einem kleinen Ausschnitt der Rede die Möglichkeiten künstlicher Beweise (*probationes artificiales,* vgl. Textausgabe B 2 IVC):

(a) *Ethischer Beweis* (Beweis aufgrund des vertrauenswürdigen Charakters des Redners oder seines Mandanten): Deiotarus kann das nicht gesagt haben (Cicero steigert: „und wäre er dein größter Feind"). Denn: *ipse enim mansuetus, versus immanis.* Durch die Ellipse von *est* wird dieser antithetische Vergleich monumental-nachdrücklich.

(b) *Sachlicher Beweis* (Beweis durch logische Folgerichtigkeit der Darlegung der Sache selbst): Der Vers paßt gar nicht auf die Situation. Wenn Caesar und Domitius Vertraute sind, kann doch Deiotarus nicht vom einen als Freund, vom andern als Feind sprechen. Dieses Argument wird als rhetorische Frage formuliert.

(c) *Pathetischer Beweis* (durch Erregung von Leidenschaften im Hörer, hier Caesar): Deiotarus kann gar nicht Caesars Feind sein, denn er hätte von Caesar nach dem Kriegsrecht getötet werden können, bekam aber — auch für seinen Sohn — von Caesar die Königswürde bestätigt. Auch dieses Argument wird als rhetorische Frage vorgetragen, nachdem es in § 10 schon zur Rühmung Caesars gedient hat und zum Anlaß geworden ist, weitere Milde von Caesar zu fordern.

(8) §§ 26—27

Die §§ 26—27 bringen weitere Argumente aus der Person des Deiotarus, warum dieser die ihm zur Last gelegten Taten nicht begangen haben kann. Dieses Thema ist durch die §§ 24—25 vorbereitet. Andererseits bereiten die §§ 26—27 schon die folgenden Abschnitte mit den Vorwürfen zur Person der Kläger vor. In § 26 kann sich Cicero nach der Widerlegung in § 25 empören: *Quid deinde? Furcifer* (d. i. Pheidippos) *quo progreditur?* Kurz darauf: *Quae crux huic fugitivo potest satis supplici adferre?* Damit drückt Cicero erneut wie in § 3 seine Verachtung für Pheidippos aus und hofft, sie auf andere zu übertragen. Cicero stellt diesem Verhalten des Pheidippos sogar das Caesars entgegen, der die Qualitäten des Deiotarus kenne *(Omnes sunt in illo rege virtutes, quod te, Caesar, ignorare non arbitror...).* Hohn gegenüber Pheidippos, ausgedrückt in der lakonischen Eingangsfrage und in der Beschimpfung aus der Sklavensphäre *furcifer,* mischt sich mit der Einverständnis heischenden Wendung an Caesar, die mit der bekräftigenden Litotes *ignorare non arbitror* ausgedrückt wird.

Anklagepunkt bzw. Verbrechensindiz ist jetzt: Deiotarus habe sich aus Freude ‚darüber' einen Rausch angetrunken und nackt auf einem Gelage getanzt *(hac laetitia elatum vino se obruisse in convivioque nudum saltavisse).* Ob die Freude über den angeblichen Tod des Domitius — vgl. § 25 Mitte: *cum esset ei nuntiatum Domitium naufragio perisse* — oder über den angeblichen Tod Caesars gemeint ist — vgl. § 25 Anfang: *graves de te rumores* —, wird nicht klar; beides kann gemeint sein, die Erwähnung des Todes des Domitius steht in näherem textlichen Zusammenhang mit *hac laetitia,* Sinn und Gewicht gewinnt dieser Vorgang aber besonders dann, wenn die Freude über Caesars Tod gemeint ist. Cicero weist den Vorwurf mit der erwähnten Empörung im Vorwurf *fugitivus* zurück und kann zunächst das Gegenteil mit einer rhetorischen Frage behaupten, die die Unmöglichkeit des Vorwurfs dadurch hervorhebt, daß er am Anfang voll wiederholt wird: *Deiotarum saltantem quisquam aut ebrium vidit umquam?* Cicero stellt dem Vorwurf weiter geschickt ein angeblich zweischneidiges Argument entgegen: Deiotarus zeichnet sich besonders durch *frugalitas*, Schlichtheit, aus. Das gelte bei einem König nicht als Lob, weil es den Privatbereich betreffe. Cicero sehe Schlichtheit aber als sehr große Tugend an *(virtutem maximam iudico).* Er definiert *frugalitas* so: *modestia et temperantia*, Mäßigung und Selbstbeherrschung.

Dem Abschnitt liegt folgender Syllogismus zugrunde:

— Ein schlichter Mann tanzt nicht nackt und besäuft sich nicht.
— Deiotarus ist ein schlichter Mann.
— Also kann Deiotarus nicht nackt getanzt und sich besoffen haben.

Genau mit der Charakterisierung als ‚schlicht' kann Cicero nicht nur den Vorwurf des betrunkenen Freudentanzes widerlegen, sondern im Grunde auch den des Attentats auf Caesar. Ferner gelingt es ihm so, gleichsam en passant andere Tugenden zu erwähnen, die man mit einem König generell verbindet und die — so scheint er zu suggerieren — auch Deiotarus hat: Tapferkeit (vgl. *fortis*), Gerechtigkeit (vgl. *iustus*), Strenge (vgl. *severus*), Charakterfestigkeit (vgl. *gravis*), Selbstlosigkeit (vgl. *magni animi*), Großzügigkeit (vgl. *largus*), Hilfsbereitschaft (vgl. *beneficus*), Edelmut (vgl. *liberalis*).

Dieser Katalog von Herrschertugenden — eine Enumeratio wie später bei den für die Tugenden des Deiotarus genannten Zeugen — läßt sich mit dem in § 16 vergleichen, ohne daß sich genaue Entsprechungen feststellen lassen. Vielmehr variiert Cicero auch den Tugendenkatalog: In § 16 verwendete er vorwiegend Substantive, in § 26 verwendet er bei den en passant erwähnten Tugenden meist Adjektive; in § 16 nennt er allgemein Römertugenden, in § 26 nennt er Königstugenden aus römischer Sicht; die im Katalog § 16 genannten Tugenden umfassen z. T. mehrere der in § 26 genannten Tugenden oder weisen Teilüberschneidungen mit ihnen auf.

§ 16	§ 26
ingenium: consideratus, tectus	gravis
prudentia, prudens	(magni animi)
fides	magni animi
religio vitae	liberalis
probitas	iustus
mores	gravis
constantia	gravis, severus
integritas	gravis, severus
virtus	fortis, beneficus, liberalis

Ferner läßt sich der Katalog mit den Rühmungen vergleichen, die Cicero über Caesar ausspricht (vgl. §§ 4 und 7 sowie später 38, 40, 43), außerdem mit den Rühmungen des besten Politikers in Ciceros ‚De re publica' (vgl. Cicero, *rep.* 5,8 = *ad Att.* 8,11,1).

Aber Cicero setzt auf diese Tugenden und über sie die *frugalitas,* die Schlichtheit, d. i. *modestia et temperantia.* Er erweist diese Tugend als grundlegend für den Lebens- und Erfolgsweg des Deiotarus. Daß Deiotarus diese Tugend von frühester Jugend an zeigte, wird zweimal gesagt: *ab ineunte aetate* (26 Ende), *adulescens* (27 Ende). Der Erfolgsweg wird in Anklängen an den römischen *cursus honorum* (wie er etwa bei Nepos, *Vita Catonis* 1—2 dargestellt ist) als ein Weg der sich steigernden *officia* beschrieben: *multis ille quidem gradibus officiorum erga rem publicam nostram ad hoc regium nomen ascendit.* Von den Tugenden des Deiotarus, insbesondere seiner *frugalitas,* ist nicht nur die gesamte Provinz Asia *(cuncta Asia),* sondern sind auch römische Amtsträger und Zivilisten überzeugt, wie Cicero in einer erneuten Aufzählung, verstärkt durch *cum — cum — tum,* darlegt, wobei er mit einem pleonastischen, aber starken Doppelausdruck abschließt *(perspecta et cognita,* § 26 Ende). Nicht nur Caesar kennt die Tugenden des Deiotarus (§ 26 Anfang). Vielmehr ist Deiotarus eigentlich ein Römer, was sich in seinem Stufenweg des Erfolgs zeigt und in einzelnen Verhaltensformen, die ihn nicht nur als *tetrarches nobilis* ausweisen, sondern — römisch — als

optimus pater familias	— sehr guten Hausvater,
et diligentissimus agricola	— enorm umsichtigen Landwirt
et pecuarius	— und Viehzüchter.

Dies sind Eigenschaften, die Cato (*de agri cultura, prooemium* 2) als Ziele eines erfüllten römischen Lebens preist und die in ihrem mittlerweile doch etwas altmodischen Gepränge auch noch 150 Jahre später beeindruckten, zumal sie Cicero (*de off.* 1,151) modisch aufgeputzt und ethisch untermauert hat.

So kann Cicero im abschließenden Satz, einer rhetorischen Frage, römische Tugenden, Kontinuität des Lebens und Erreichung des römischen Ziels *gloria* zusammenbringen und gegen den Vorwurf des trunkenen Tanzes gewaltig ausspielen:

Qui igitur adulescens	Jugend
nondum tanta gloria praeditus	Ruhmlosigkeit
nihil umquam nisi severissime et gravissime fecerit,	trotzdem extreme Ernsthaftigkeit
is ea existimatione	Ruhm
eaque aetate	Alter
saltavit?	keine Ernsthaftigkeit mehr?

Diesem Satz liegt ein Enthymem zugrunde: Wer schon in der Jugend, ohne auf seinen Ruf achten zu müssen, nur Selbstbeherrschung zeigte, der zeigt sie erst recht, wenn er alt und berühmt ist. (Ob dieses Enthymem zu Recht besteht, mag dahingestellt bleiben.)

Der Satz stellt einander gegenüber:

Jugend	—	Alter
Ruhmlosigkeit	—	Ruhm
Ernsthaftigkeit in der Jugend	—	Vorwurf mangelnden Benehmens im Alter.

Ein Verhalten wie das vorgeworfene ist offensichtlich persönlichkeitsfremd und entbehrt des Beweises — so Cicero im Gegensatz zu manchen heutigen Richtern, die gerne Evagieren in ein dem üblichen Verhalten widersprechendes Benehmen annehmen. In dem Satz sind Parallelismus (Verhalten jeweils an dritter Stelle) und Chiasmus verbunden (im ersten Teil ist die Reihenfolge Jugend — Ruhmlosigkeit, im zweiten Teil Ruhm — Alter).

Cicero versucht also — wohl erfolgreich —, für seinen Mandanten alle positiven Vorstellungen zu okkupieren, die in den Köpfen der Zuhörer und des Richters vorhanden sind, er verbindet mit seinem Mandanten positive Vorstellungen, erobert die Semantik des römischen Tugendvokabulars.

(9) §§ 28—29

Der Graben zwischen Caesar und den Klägern ist in Ciceros Rede schon groß geworden. Nun endlich wendet sich Cicero direkt an den Kläger Castor, den er bisher noch gar nicht angesprochen hat. Es ist somit eine heftige Apostrophe. Vorher hat Cicero nur den Mitkläger bzw. Hauptbelastungszeugen Pheidippos angesprochen — im Fluch *di te perduint, fugitive,* § 21. Den Übergang zu Castor findet Cicero auf zweifache Weise:

(a) Deiotarus müßte Vorbild für Castor sein; in diesem Einstieg ins neue Thema verwendet Cicero auf engem Raum viele Doppelausdrücke: *mores disciplinamque, optimo et clarissimo;* das setzt sich danach in *pudoris pudicitiaeque* fort. —

(b) Statt dessen hat Castor Deiotarus „durch den Mund des entlaufenen Sklaven" verleumdet *(fugitivi ore male dicere).*

Der erste Punkt (a) wird nun von verschiedenen Seiten beleuchtet, wobei immer wieder Deiotarus gerühmt und Castor bloßgestellt wird.

(§ 28b:) Castor hätte mit dem Vorwurf, sein Großvater habe betrunken getanzt, selbst dann beleidigend gewirkt, wenn sein Großvater ein Tänzer wäre. So verlagert Cicero die Argumentation vom Indiz für ein Attentat auf Caesar zum Indiz für menschliche Kälte eines Enkels, also vom Politischen auf das Private.

(§§ 28c—29:) Castor zeigte unter Ciceros Statthalterschaft in Kilikien folgende Eigenschaften und Haltungen:

concursus facere solebat: er erregte gern Aufsehen;
se iactare: er warf sich rühmend in die Brust;
ostentare: er prahlte gern;
nemini in illa causa studio et cupiditate concedere: er wollte sich in dieser Sache von keinem an Engagement und Begierde übertreffen lassen.

Das letzte könnte positiv zu werten sein, wüßte man nur genau, worauf sich die *cupiditas* richtete, und gälte das Engagement tatsächlich der Sache, hätte Castor es nicht nur ‚in jener Sache' gezeigt, aus den vorher genannten persönlichen Gründen einer unerträglichen Selbstdarstellung.

Hinzukommt, daß Cicero seine Zeugenschaft für die Zeit, als Castor bei ihm in Kilikien diente, mit anderen Militärdiensten Castors verbindet und seine Zeugenschaft darauf überträgt; Castor

— war *meus in Cilicia miles,*
— dann *in Graecia commilito,*
— dann: *in illo nostro exercitu equitaret cum suis delectis equitibus, quos una cum eo ad Pompeium pater miserat.*

Daß Cicero als Verantwortlicher in Kilikien von Castors Verhalten Kenntnis hatte, läßt sich sofort verstehen. Daß er, der zeitweise im Lager des Pompeius in Griechenland war, nun alle Verhaltensweisen Castors im Heer des Pompeius mitbekommen haben soll, ist schwerer nachvollziehbar.

Zudem hat Cicero hier eine gefährliche Klippe zu umschiffen, weil er sein eigenes Eintreten für Pompeius gegen Caesar in Erinnerung rufen könnte. Deswegen schiebt er sich sozusagen heimlich in die Argumentation mit Castors Eintreten für Pompeius und mit Castors kriegstreibendem Verhalten hinein. Erst spricht er von Kilikien, dann neutral von einem Kriegsdienst in Griechenland, dann von *ille noster exercitus.* Und erst dann wird im Zusammenhang mit Castors Vater Castor Tarkondarius (dem Schwiegersohn des Deiotarus) gesagt, daß dieser eine Reiterabteilung und seinen Sohn Castor ins Heer des Pompeius abkommandiert habe. Erst bei der Erwähnung der Prozeßgegner also nennt Cicero auch den Namen des Caesar-Gegners Pompeius.

Und nun kann er gleich doppelt auf Castor einschlagen: Castor hat auf Seiten des Pompeius gestanden und Castor ist ein blutrünstiger Kämpfer, der trotz Aufreibung des pompeianischen Heeres *(exercitu amisso)* und trotz der gegenteiligen Haltung Ciceros vor Engagement für den Krieg gegen Caesar brennt — jetzt wird das in § 28 (Ende) genannte *studium* verdeutlicht als *studium illius belli* — und meint, seinen Vater zufriedenstellen zu müssen *(patri satisfaciendum arbitrabatur).* Somit ist die gesamte Familie Castors als Caesargegner entlarvt. Cicero verwendet dafür nachdrückliche, mit anaphorischem *quos* und *quam* eingeleitete Kola. Er stellt dem seine eigene Friedenshaltung entgegen, die nach der Schlacht von Pharsalus sogar zum Rat wurde zu kapitulieren *(suasor fuissem armorum non ponendorum, sed abiciendorum).*

Deswegen kann er den § 29 in bitterem Sarkasmus schließen und das Schicksal Castors in Antithesen mit dem des Deiotarus vergleichen:

(Castor)	*(Deiotarus)*
Felix ista domus,	calamitosus Deiotarus,
quae non impunitatem solum adepta sit	qui et ab eo, qui in isdem castris fuerit,
sed etiam accusandi licentiam;	et non modo apud te,
	sed etiam a suis accusetur.

Cicero tut so, als hätte Caesar Castors Familie nicht nur die Gegnerschaft gegen ihn verziehen, sondern ausdrücklich noch die willkürliche Freiheit eingeräumt, Klagen zu erheben. Deswegen nennt er die Familie Castors *felix.* Dem stellt er gegenüber den vom Unglück verfolgten *(calamitosus)* Deiotarus. Dar-

auf, daß Caesar auch Deiotarus seine frühere Gegnerschaft verziehen hat, geht
er hier nicht ein. Er hat es ausführlich in den §§ 9 f. und 14 getan und wird es
erneut in § 38 tun. Hier ist die Verzeihung weder im Falle Castors noch im Fall
des Deiotarus das, worauf Cicero hinauswill, sondern das, was Castor aus der
Verzeihung Caesars angeblich gemacht hat — einen Freibrief, Deiotarus vor
Caesar anzuklagen. Diese Anklage malt Cicero aus: Gleiches Ausgangsschick-
sal des Castor und des Deiotarus, dann aber für den einen *licentia accusandi,*
für den anderen doppelter Schmerz: gerade vor Caesar angeklagt zu werden,
gerade von den eigenen Angehörigen angeklagt zu werden.
Cicero unterstreicht den Kontrast, indem er dem grausamen Castor den tu-
gendhaften Deiotarus gegenüberstellt; er rühmt Deiotarus, damit das Mitleid
erregt wird: Deiotarus ist der tüchtigste und berühmteste Mann (*optimo et clarissimo viro,* § 28a); Deiotarus ist ein Mann, an dem man sich ein Beispiel für
Selbstzucht *(pudor)* und sittliche Haltung *(pudicitia)* nehmen könnte (§ 28c);
Deiotarus konnte sich im hohen Alter, trotz gymnastischer Übungen von Jugend an, schlecht bewegen, mußte aufs Pferd gehoben werden, hielt sich dann
aber auf dem Pferd in staunenerregender Haltung — beides, Fitnessgymnastik
ohne übertriebenen sportlichen Ehrgeiz und Haltung trotz körperlicher Hin-
fälligkeit, ist Ausdruck von *pudor* und römischer Willenshaltung.
Aus der unverschämten Ausnutzung der verzeihenden Haltung Caesars durch
Castor gewinnt Cicero die abschließende Frage, die die Gemeinheit und Grausamkeit Castors vor dem Gegenbild des edlen Deiotarus geißeln soll, die Grausamkeit, die vom Beginn der Rede an Thema ist (*crudelis Castor,* § 2) und die
auch kurz vorher betont worden ist (*fugitivi ore male dicere,* § 28; *ardebat studio,* § 29): *Vos vestra secunda fortuna, Castor, non potestis sine propinquorum calamitate esse contenti?*
Alliteration *(vos — vestra; calamitate esse contenti),* *a*-Vokalisierung, Sperrung
von *non potestis* und *esse contenti* und dadurch Spannung auf das, was der Ca-
stor-Clan nicht kann, Klauselrhythmus in *esse contenti* (Creticus + Spondeus:
— ∪ — — —) artikulieren wirkungsvoll den Vorwurf der Grausamkeit: Das
Glück Castors wird erst durch das Unglück des Deiotarus perfekt.

(10) §§ 30—34

In den folgenden Paragraphen walzt Cicero das Thema des miesen Charakters
Castors noch in verschiedener Form aus:

(a) § 30a

Sint sane inimicitiae ...:
Deiotarus hat die Familie Castors erst zu Ansehen gebracht; vor der Verheira-
tung des Castor Tarkondarius mit einer Tochter des Deiotarus war sie völlig
unbekannt. Die Klage Castors zeigt dessen Undankbarkeit. Aber — erste Steigerung — Castor trägt seine Feindschaft in unmenschlicher Weise aus, indem er
durch eine Falschaussage das Leben des Deiotarus aufs Spiel setzt.

Dieser erste Abschnitt setzt die Verfeindung Castors mit Deiotarus einmal als gegeben voraus (Concessio: *sint sane ...*, mit Alliteration formuliert) und stellt eine Forderung nach Menschlichkeit, indem die unmenschliche Verhaltensweisen aufgezählt (Enumeratio) und jeweils anaphorisch mit *non* negiert werden. So wird das ganze Ausmaß der Unmenschlichkeit erst recht deutlich.

(b) § 30b

Esto: concedatur haec quoque acerbitatis et odi magnitudo ...:
Zweite Steigerung: Undankbarkeit und sogar unmenschliche Art des Kampfes gegen Deiotarus vorausgesetzt: Indem Castor einen Sklaven des Deiotarus zur Aussage gegen diesen überredete, gefährdet er die rechtlichen Grundlagen des menschlichen Zusammenlebens. Cicero sagt dies zweimal (*omnia vitae salutisque communis atque etiam humanitatis iura violantur;* später: *nulli parietes nostram salutem ... custodient*). Der Fall hat — die Kunst des Redners zeigt es — eine über den Einzelfall hinausgehende, umfassende Bedeutung. Sklaven sollen zu Recht, wie heute Tonbandaufnahmen und heimlich mitgehörte Telefongespräche, — in der Regel — nicht als Beweismittel zugelassen sein. Cicero argumentiert hier eindrucksvoll und nachvollziehbar. Er beendet diesen Abschnitt mit einem Gegensatz der durch die Umkehrung eines Gedankens entsteht (Commutatio) und syntaktischen Parallelismus mit semantischen Chiasmus verbindet:
fit in dominatu servitus, in servitute dominatus.
Überhaupt ist dieser entscheidende Abschnitt voller wirkungsvoller stilistischer Mittel. Er eignet sich daher gut zur exemplarischen Behandlung oder auch als Kursarbeit: Sperrung *haec ... magnitudo;* Hendiadyoin *acerbitatis et odi* und *quod intus est atque nostrum,* asyndetisch: *nulla leges, nulla iura;* Klimax *vitae salutisque communis atque etiam humanitatis* mit Homoioptoton auf -*is;* Asyndeton *sollicitare — corrumpere — abducere — amare* mit Steigerung (Klimax) des verbrecherischen Charakters der Aktionen und Mischung aus Parallelismus und Chiasmus, indem die ersten beiden Infinitive und die zweiten beiden Infinitive chiastisch stehen und zwei Chiasmi parallelisiert werden; polyptotische Anapher *nulli — nullae — nulla;* Übergang von der *causa specialis* im Präsens zur *causa generalis* im Futur *(custodient);* Abschluß mit einer sentenzartigen Commutatio (die dann zum Ausruf am Beginn des nächsten Abschnitts führt).

(c) § 31

Die Verallgemeinerung des vorigen Abschnitts setzt Cicero auch in § 31 fort. Er leitet ihn durch eine wirkungsvolle Exclamatio ein: *o tempora, o mores!* Er zeigt an einem historischen Beispiel (Exemplum) aus dem Jahr 104 v. Chr., wie ein Ankläger, der später die römische Ämterlaufbahn glanzvoll durchlaufen hat — Cn. Domitius Ahenobarbus war 96 Konsul, 92 Zensor, ab 103 Pontifex Maximus — als Volkstribun ganz anders gehandelt hat — inkommensurabel mit Castor *(inique Castorem cum Domitio comparo).* Domitius hat einen Sklaven des von ihm angeklagten M. Scaurus, der gegen seinen Herrn aussagen wollte, zu diesem gefesselt zurückbringen lassen *(prendi hominem iussit ad Scaurumque deduci)*. Cicero gewinnt trotz der Inkommensurabilität daraus wirkungsvolle Gegenüberstellungen *(sed tamen):*

Domitius	Castor
ille inimico servum remisit ille incorruptum audire noluit ille adiutorem servum contra dominum repudiavit	tu ab avo abduxisti tu corrupisti tu etiam accusatorem adhibuisti.

Der dritte Gegensatz wird zur Steigerung, die die Unmenschlichkeit Castors zeigt.

Die Inkommensurabilität zwischen Domitius und Castor verweist freilich noch auf einen anderen. Denn man könnte und kann Domitius mit Caesar vergleichen. Wird er wie Domitius reagieren und das Zeugnis eines Sklaven — gar eines entlaufenen — verwerfen? Oder wird er es Castor gleichtun? Cicero spricht den Vergleich nicht aus. Aber man kommt auf diesen Vergleich, Caesar natürlich auch, und der Richter wird sich ungern in seinem Urteil auf einen Sklaven berufen wollen, wenn das noch die von Cicero geschilderten Folgen haben sollte.

Auch diesem Abschnitt hat Cicero durch stilistische Mittel zusätzliche Wirkung verliehen. Sie entsprechen ganz der Sache, dem Inhalt: Exclamatio (*o tempora, o mores,* isoliert gesprochen); historisches Exemplum; Enumeratio der Ämter des Domitius; Anapher von *ille* und *tu* und asyndetische Fügung bei inhaltlicher Antithese (die in den Verbindungen *remisit/abduxisti; incorruptum audire noluit/corrupisti; adiutorem repudiavit/accusatorem adhibuisti* zum Ausdruck kommt).

(d) § 32

Pheidippos hat sich offenbar zunächst nicht bei Castor wohlgefühlt, ist zu den Gesandten des Deiotarus zurückgeflohen, hat sich mehreren Personen anvertraut und die Bestechung durch Castor offenbart. Trotzdem ist er jetzt Zeuge Castors. Daraus gewinnt Cicero ein Argument für die besondere Stärke der kriminellen Energie Castors, hat doch dieser offenbar immer wieder Pheidippos bestochen und auf seine Seite gelockt. Cicero beginnt diesen Abschnitt mit der höhnischen Frage oder Feststellung *at semel iste est corruptus a vobis.* Drei Sätze mit anaphorischem *nonne* beweisen das Gegenteil in rhetorischen Fragen. In ihnen erwähnt er geschickt auch anwesende Adlige, darunter einen aus der Familie der Domitier, dessen Vorfahren Cn. Domitius Ahenobarbus er in § 31 rühmend von Castor abgehoben hat. Cicero versucht also, den allmächtigen Gerichtsherrn Caesar unter gesellschaftlichen Druck zu setzen. Mit einem Subjekt wie Castor darf er ebensowenig gemein haben wie mit dem entlaufenen Sklaven Pheidippos (vgl. § 31). Cicero macht dies ganz deutlich, indem er sich an Castor wendet und ihn voller Empörung als unrömisch, antirömisch, unmenschlich darstellt. Er stellt zwei demonstrative Fragen. In der ersten werden mit anaphorischem *tam* mit dem Subjekt *inhumanitas* drei Attribute verbunden, die alle Maßlosigkeit und Übersteigerung bezeichnen und dabei die Aspekte der mangelnden seelischen Beherrschung *(inpotens)*, des Charakterfehlers *(crudelis)* und der mangelnden geistigen Kontrolle *(immoderata)* verbinden. In der zweiten Frage setzt sich Cicero zusammen mit den vorher genannten Römern und zusammen mit dem Gerichtsherrn Caesar auf die Seite des gesitteten Roms und umschreibt dieses immer wieder: *in hanc urbem, huius urbis iura et exempla, nostrae civitatis.* Dem stellt er die Barbarei Castors entgegen: *venisti; corrumperes; domesticaque immanitate inquinares.* Er scheut nicht die Paronomasie *immanitate — humanitatem.* Castor gewinnt die Dimension eines Zerstörers Roms — wie Catilina, über den Cicero im Senat sagt: *castra sunt in Italia contra populum Romanum in Etruriae faucibus conlocata, crescit in dies singulos hostium numerus; eorum autem castrorum imperatorem ducemque hostium intra moenia atque adeo in senatu videtis intestinam aliquam cotidie perniciem rei publicae molientem* (Cicero, *In Catilinam* 1, § 5). (Übrigens hatte Cicero in der 1. Rede gegen Catilina kurz vorher ähnlich wie in der Rede *pro rege Deiotaro* ein historisches Exemplum (Scipios Eingreifen gegen Tiberius Gracchus, § 3) durch den Ausruf *o tempora, o mores* (§ 2) vorbereitet.)

Ähnlich gewinnen Caesars Gegner im Bürgerkrieg in Caesars eigener Darstellung die Dimension von Zerstörern aller Grundlagen des menschlichen Zusammenlebens und Roms selbst:

b. c. 1,6,8:   *omnia divina humanaque iura permiscentur* (durch die Pompeianer);

b. c. 1,32,5—6   (Caesar nach der Einnahme Roms vor dem Senat): *acerbitatem inimicorum docet, qui, quod ab altero postularent, in se recusarent atque omnia permisceri mallent quam imperium exercitusque dimittere. iniuriam in eripiendis legionibus praedicat, crudelitatem et insolentiam in circumscribendis tribunis plebis; condiciones a se latas, expetita conloquia et denegata commemorat;*

b. c, 3,10,6   (Caesar ermahnt Pompeius): *proinde sibi ac rei publicae parcerent* (Caesar und Pompeius).

(e) §§ 33—34:

Nachdem Castor als völlig unrömisch decouvriert ist, kann Cicero nun noch zu Anklageindizien kommen, die in der Atmosphäre einer noch milden römischen Diktatur und zumal vor dem *dictator* als Gerichtsherrn heikel zu behandeln sind, weil sie sein Selbstverständnis und die ideologische Durchsetzung seines Konzepts im Volk angehen. Ein Vertrauter des Königs Deiotarus, Blesamius (vgl. zu ihm § 38), habe Deiotarus — so behauptet Castor — immer wieder Nachrichten caesarfeindlichen Inhalts geschickt.

Cicero führt die einzelnen Punkte auf und widerlegt sie geschickt, teils mit Ironie, teils mit Erweis der mangelnden Plausibilität der Vorwürfe aufgrund der Person Caesars, der Person des Blesamius oder äußerer Umstände. Dabei kann er in scheinbar sachlicher und unterkühlter Widerlegung Castors Caesar umfangreich rühmen, ihn milde und versöhnlich stimmen, auf Gnade festlegen, d. h. auf Übereinstimmung seines Urteils mit seinem bisherigen Verhalten, und er kann sogar den immanenten Vergleich mit der erneuten Rühmung des Deiotarus im Schlußwort (§§ 35—43, besonders § 37) vorbereiten, für die nunmehr ein Hintergrund — Caesars Wesen — als Folie in Erinnerung bleibt.

4. Peroratio (§§ 35—43)

In der Peroratio weicht Cicero von dem Schema Recapitulatio, Indignatio, Conquestio, das er selbst in seiner Jugendschrift ‚De inventione' aufstellt (vgl. Textausgabe B 2 V), ab. Weder faßt er die in der Narratio und in der Argumentatio erwähnten Fakten isoliert zusammen *(recapitulatio)*, noch peitscht er noch einmal die Affekte gegen die Gegner auf *(indignatio)*, noch erregt er Mitleid wegen des Unrechts, das Deiotarus (angeblich) widerfahren ist, oder wegen des Unglücks, das ihm mit einer Verurteilung droht.

Auf den ersten Blick scheint sogar das Gegenteil der Fall zu sein:

(a) Cicero beginnt sein Schlußwort so: Er sagt, er habe wohl nichts vergessen, sich aber einen Punkt aufgespart, der das freundliche Verhältnis zwischen Caesar und Deiotarus wiederherstellen könne (§ 35). Diesen Punkt behandelt er in den §§ 35—38 ausführlich.

(b) Die Kläger werden in der Peroratio lange gar nicht erwähnt. Man glaubt schon, sie würden totgeschwiegen. Erst kurz vor dem Ende der gesamten Rede werden sie noch zweimal merkbar (§ 43).

In der ersten Formulierung werden sie durch die Wahl des Passivs ausgespart: *si quid eorum,* quae obiecta sunt, *cogitatum sit.* Auch Deiotarus wird in dieser Formulierung ausgespart *(cogitatum sit),* denn es geht darum, daß sein Vertrauter Hieras, der Caesar während seines gesamten Aufenthaltes in Galatien nahe war, die Schuld auf sich nimmt, falls auch nur in irgend einem Geschehen eine böse Absicht gegen Caesar spürbar gewesen sein sollte.

In der zweiten Formulierung wird Caesar mit den Klägern konfrontiert, und diese werden mit *illi* umschrieben, rücken in der direkten Ansprache Ciceros (der in der 1. Person erscheint: *velim*) an Caesar (der in der 2. Person bzw. im Vokativ erscheint: *C. Caesar, existimes, tuam, tuae*) in die Ferne (nicht nur 3. Person, sondern Pronomen *illorum,* das im davorstehenden Satz, der von Deiotarus handelte, vermieden wurde).

(c) Auch Mitleid mit Deiotarus wird kaum erregt, indem die Abhängigkeit des Menschen vom Schicksal und vom Zufall beklagt wird. Im Gegenteil sagt Cicero über Deiotarus,

— daß er ein selbstloser und aufrechter Mann ist (36 Ende: *magno animo et erecto est);*
— daß er sich nicht von Gegnern und nicht einmal vom Schicksal unterkriegen läßt (36 Ende: *nec umquam succumbet inimicis, ne fortunae quidem).*

Dies führt er in § 37 breit aus, wobei sich beide Punkte als zusammenhängend erweisen:

(1) Deiotarus ist mit dem, was er im Leben erreicht hat und was ihm an Ehrungen zugefallen ist, zufrieden *(Multa se arbitratur...)*.

(2) Kein Schicksal, kein Zufall, kein noch so großes Unrecht kann ihm dies nehmen: rhetorische Frage mit anaphorischen Fragepronomina im Polyptoton und mit eindrucksvollen Sperrungen *(quae tanta ... iniuria)* und abschließender *d*-Alliteration: *quae enim fortuna aut quis casus aut quae tanta possit iniuria omnium imperatorum de Deiotaro decreta delere?*

(3) Die vielen Ehrungen für Deiotarus werden aufgeführt, mit einem Katalog *(enumeratio)* der Länder, in denen römische Feldherrn Deiotarus geehrt haben *(in Asia, Cappadocia, Ponto, Cilicia, Syria)*, und einer Steigerung der militärischen durch politische Ehrungen *(ab omnibus..., qui..., in Asia usw. bella gesserunt; senatus vero iudicia ... sunt,* § 38).

(4) Erneut wird dargelegt, daß niemand Deiotarus dies nehmen kann: in einer zweigeteilten, semantisch aber einhelligen rhetorischen Frage: *quae umquam vetustas obruet — aut quae tanta delebit oblivio* (mit chiastischer Anordnung von Subjekten und Prädikaten).

(5) Die guten Eigenschaften des Deiotarus werden in einer Frage wiederholt, die einer Praeteritio gleichkommt: *quid de virtute eius dicam, de magnitudine animi, gravitate, constantia.* Dazu haben die §§ 16 und 26 genügend gesagt. Hier genügt eine kurze, asyndetisch formulierte Aneinanderreihung als Erinnerung.

(6) Ohne aufdringliche Beweisführung, aber doch mit angedeutetem philosophischen Hintergrund wird gesagt, daß diese Eigenschaften bei allen Gebildeten und Weisen *(docti atque sapientes)* als die höchsten gelten und schon allein das Glück des Menschen ausmachen: *eisque non modo ad bene, sed etiam ad beate vivendum contentam esse virtutem.*

Ist also Cicero ganz von seinen eigenen Lehren über die Peroratio abgewichen und, wenn ja, warum?
Man kann erkennen, daß die Argumentatio und auch das Exordium schon genügend Affekte gegen die Kläger aufgepeitscht haben (vgl. bes. §§ 2—3, 30—32) und daß auch bereits genügend das Schicksal des Deiotarus beklagt worden ist. Gerade erst der Schlußteil der Argumentatio hat dies getan (vgl. etwa § 29, auch 32). Aus diesem Grunde sind Indignatio und Conquestio nach einem Normalschema überflüssig, ja würden übertrieben wirken. Cicero selbst rät ja bei der Conquestio zur Kürze mit dem Argument des Redelehrers Appollonios „Nichts trocknet schneller als eine Träne" *(lacrimā nihil citius arescit, de inventione* 1,56,109).
Auch eine Recapitulatio erscheint insofern nicht notwendig, als Exordium, Narratio und Argumentatio von wenigen Motiven in stets neuer Variation lebten: Grausamkeit Castors, Verworfenheit des Pheidippos, Unglaubwürdigkeit der angeblichen Indizien, hervorragender Charakter des Deiotarus und seine Verdienste um Rom, Milde Caesars, Gefährdung des Staates durch das Verfahren.

So scheint es bereits aus diesen Gründen sinnvoll, für die Peroratio etwas Neues und einen Clou zu reservieren. Die Abweichung vom Schema entspricht dann genau dem Inhalt, dem Ziel, das Cicero mit seiner ganzen Rede verbindet. Nichts gegen eine gute schulgemäße Rede, das Ende darf dann aber durch Neuartigkeit überraschen.

Man erkennt, daß es Cicero in der Peroratio gar nicht mehr primär um die Zurückweisung des Attentats- und Hochverratsvorwurfs geht, sondern um die Herstellung eines guten Verhältnisses zwischen Caesar und Deiotarus und daß er dazu

— den Angeklagten und den Richter als Menschen erweisen will, die zueinander passen,
— Deiotarus als einen Menschen herausragenden Charakters darstellt,
— Caesar rühmt,
— Caesar auf seine *clementia*-Haltung festlegen will, das Bild Caesars in der Öffentlichkeit auch als Maxime seines Urteils im Prozeß gegen Deiotarus zur Geltung bringt.

Dies sind in etwa dieselben Punkte, mit denen Cicero bereits im Exordium auf einen Freispruch hinarbeitet.

Das Thema nennt Cicero offen zu Beginn der Peroratio, nachdem er es spannend angekündigt hat. Die Ankündigung: *Nihil a me arbitror praeteritum, sed aliquid ad extremam partem causae reservatum. Id autem ,aliquid': quid est?* Das Thema und das Vorhaben: *Te ut plane Deiotaro reconciliet oratio mea.*

Der Thema-Satz lebt von der ungewöhnlichen Stilisierung: Prolepsis *te*, Hiat zu *ut* — sonst lieber vermieden —, betonte Stellung von *plane* — eine gewisse positive Grundstimmung wird bereits vorausgesetzt, wie der nächste Satz zeigt —, eigentliches Thema *Deiotaro reconciliet*, stolze Endstellung des Subjekts mit Attribut *oratio mea*.

Cicero will auch den letzten Zweifel, daß Deiotarus Caesar feindlich gesinnt sei, beseitigen. Dazu muß Cicero zunächst von der gefährlichen, Animositäten weckenden Annahme wegkommen, Caesar könne gegen den Angeklagten eingestellt sein — wie es im Exordium noch als Gefahr (§ 4) und als Ziel der Kläger (§ 8) erwähnt wurde. So dreht er den befürchteten Tatbestand einfach um: Er fürchte schon nicht mehr, daß Caesar Deiotarus zürne, sondern daß er fürchte, Deiotarus könne ihm noch zürnen. Indem er Caesar als so freundlich und milde hinstellt, macht er es ihm leicht, einen tatsächlich vorhandenen Zorn zu verleugnen. Er baut ihm eine Brücke. Wenn es rationale Gründe gibt, einen staatsmännisch gerechtfertigten Verdacht (vgl. *suspicere*) aufzugeben, warum nicht? Genau das ist sowohl menschlich als auch staatsmännisch und entspricht der Politik Caesars.

Die Argumente dafür, daß Deiotarus keinen Zorn, sondern Einsicht hat, sind nicht alle gleichermaßen glaubwürdig — schon gar nicht, wenn man den Charakter des Deiotarus aus anderen Quellen als Ciceros Rede für ihn kennt (vgl. Textausgabe, Einleitung 1.2 (d)–(f)), — und sie sind streckenweise mit einer Lobrede auf Deiotarus im *genus demonstrativum* zu verwechseln:

(a) § 35b:

Nach einer beschwörenden Wendung an Caesar *(quod abest longissime, mihi crede, Caesar)* nennt Cicero das erste Argument: Deiotarus denkt an das, was ihm der Wille Caesars läßt, nicht an das, was er verloren hat. Dieser Satz ist chiastisch formuliert (Gliedsatz — Hauptsatz / Hauptsatz — Gliedsatz), jedoch tritt der Chiasmus nicht deutlich zutage, weil Ellipsen vorkommen *(non* sc. meminit, *quid* sc. per te *amiserit),* die im unangenehmen Teil des Satzes die Erinnerung des Deiotarus und die Veranlassung durch Caesar unterdrücken.

(b) § 35b:

Er sieht ein, daß er als ehemaliger Pompeianer einiges dazu beisteuern muß, daß Caesar die Wünsche aller Helfer, denen er etwas schuldet, befriedigen kann.

Dieser Satz ist kompliziert gebaut, weil der zweite Hauptsatz erst am Schluß nach einem Kausal- und einem Objektsatz mit darin eingefügtem begründenden Relativsatz (Konjunktiv *fuisset)* steht. Möglicherweise dient der Satzbau zur Verschleierung und Überspielung der etwas fadenscheinigen Begründung.

(c) § 36a:

Mit dem historischen Exemplum des Antiochus wird die Beschneidung der Machtfülle sogar als Wohltat erwiesen. Dabei wird die Zufriedenheit des Deiotarus als noch wahrscheinlicher als die des Antiochus hingestellt: *ille enim furoris multam sustulerat, hic erroris.* Inhaltliche Antithese mit Gleichklang *furoris — erroris,* syntaktischer Parallelismus mit Ellipsen — aus ähnlichen Gründen wie vorher die Ellipsen im Chiasmus —, betonte Endstellung des entschuldigenden *erroris* machen den Satz nachdrücklich.

(d) § 36b:

Deiotarus liegt vor allem am guten Verhältnis zu Caesar und dem römischen Volk, das sich in der Erlaubnis dokumentierte, weiter den Königstitel zu führen.

Diese beiden Sätze sind durch folgende sprachliche und stilistische Mittel geprägt: betonte Voranstellung von *omnia;* ‚Umarmung‘ des Deiotarus durch Caesar — *tu Deiotaro, Caesar* —; Erläuterung des *omnia* — *tribuisti* durch einen modalen *cum*-Satz (mit *cum coincidentiae),* in dem aus der einen Sache durch Doppelung der Empfänger — *et ipsi et filio* — viele gemacht werden (man vergleiche das anfängliche *omnia)* und in dem das Prädikat mit dem Hauptsatzprädikat reimt *(tribuisti — concessisti);* Erweiterung der Sache durch betonte Voranstellung im nächsten Satz und durch pleonastische Formulierung: *hoc nomine retento atque servato;* Anapher *nullum — nullum* mit Gleichsetzung von *beneficium populi Romani* und *iudicium de se senatūs;* starke Klangwirkung durch viele *u-* und *um*-Laute, Doppelcreticus am Schluß *(imminutum putat: — ∪ — — ∪ x).*

(e) § 37:

Der § 37: ist eine Rühmung des Deiotarus. Diese ist oben ausführlich dargestellt (vgl. S. 64, Punkte 1—6).

(f) § 38 Anfang:

Cicero tut so, als hätte Deiotarus überhaupt nichts anderes mehr im Sinn, als
an Caesars Wohltaten zu denken und seine Altersruhe auf Caesars Milde zu-
rückzuführen. Der Satz quillt über von Doppelungen und Steigerungen: *repu-
tans — cogitans; dies noctesque: non modo tibi non suscenset, verum ... refert;
non solum ingratus, sed etiam amens; tranquillitatem et quietem senectutis.* Die
aufdringliche Übertreibung scheint Cicero nicht zu bemerken zu wollen, er
trägt bei Deiotarus dick auf zum Ausgleich für den Verzicht auf die jammervol-
le Darstellung seines Schicksals.
Nur am Zielpunkt des Abschnitts verzichtet er auf eine Doppelung, da, wo er
auf Caesar und auf die Haltung zu sprechen kommt, auf die er ihn festlegen
will: *clementiae tuae* (vgl. dazu unten zu § 38).

(g) § 38:

Diese Haltung hatte Deiotarus immer: von Anfang an *(quo quidem animo cum
antea fuit)* und erst recht seit einem entsprechenden Brief Caesars. Caesar wird
unterstellt, diesen Brief nicht grundlos geschrieben und eine konstante Einstellung zu haben. Cicero bringt sich selbst als Zeugen für Caesars Haltung und
Caesars Schreiben ein, weil er ein fast identisches Schreiben erhalten hat. Das
Schreiben Caesars an Deiotarus schildert er mit umständlichen Relativsätzen
(quarum ..., quas); seine Wirkung schildert er in einer Epimone mit zwei ähnlich auslautenden, sich leicht steigernden Formulierungen:

    se magis etiam erexerit
    ab omnique sollicitudine abstraxerit;

den Inhalt schildert er in einer Epimone:

    iubes enim eum (a) bene sperare et (b) bono esse animo;

die Behauptung, daß Caesar nichts grundlos schreibe, steigert er durch die Verwendung von *solere,* durch die Einbringung seiner eigenen Kenntnis *(scio)* und
durch *s*-Alliteration. Die eigene Überzeugung wird durch einen weiteren Satz
gestützt, der mit dem betonten *memini* beginnt, Caesar und Cicero umständ-
lich zweimal in enge Beziehung setzt *(ad me te scribere meque tuis litteris ...)*
und im übrigen die Ausdrücke aus dem Satz wiederholt, der Caesars Verhältnis
zu Deiotarus darstellte *(bene sperare, non frustra, iussum* — vgl. *iubes),* nachdem die Identität der Briefe durch *isdem fere verbis* bereits hergestellt worden
ist. Cicero identifiziert sich hier voll mit seinem Mandanten.
Die Darlegungen zu Caesars Haltung wollen ihn auf die *clementia* festlegen.
Man kann die *clementia* so definieren, wie es später Seneca (*de clementia* 2,3,1)
getan hat: *clementia est temperantia animi in potestate ulciscendi vel lenitas su-
perioris adversus inferiorem in constituendis poenis,* „Milde ist die Selbstbeherrschung, wenn man die Macht hat, Rache zu nehmen, oder die Sanftheit des

Überlegenen gegenüber dem Unterlegenen bei der Festsetzung einer Strafe." Man muß sie aber vor allem als politisches Programm sehen, das Caesar zur Sicherung seiner Politik und seines Sieges über Pompeius einsetzte. Er begann damit nach der Einnahme von Corfinium im März 49. Im ,Bellum civile' 1,23 schildert er selbst sein für viele überraschendes, mildes Verhalten. Und in einem Brief aus dieser Zeit, den Chr. Maier als ,offenen Brief' bezeichnet — er ist an seine Kanzleivorsteher in Rom, Oppius und Cornelius Balbus, gerichtet — schreibt Caesar: „Versuchen wir, auf diese Weise (d. i. mit größter Milde), wenn wir können, die allgemeine Meinung wiederzugewinnen und einen dauerhaften Sieg zu erlangen. Denn alle anderen haben wegen ihrer Grausamkeit dem Haß nicht entgehen und ihren Sieg nicht länger behaupten können, abgesehen allein von Sulla; und den werde ich nicht nachahmen. Das sei die neue Art zu siegen, daß wir uns durch Erbarmen und Großmut sichern." (*ad Att.* IX 8 (7) C).

Caesar machte aus dem außenpolitischen Instrument der *clementia* und *humanitas* gegenüber besiegten Völkern ein innenpolitisches Instrument. „Die neue Art zu siegen ging so tief in seinen Willen ein, über alle hinauszuragen, daß er zumeist imstande war, Grausamkeiten, zu denen sein Zorn ihn anzustacheln vermochte, niederzuhalten. Caesar war überlegen, indem er Milde walten ließ."[19] Cicero wußte dies, wie sich in seinen Briefen zeigt (z. B. *ad Att.* IX 8 (7)), und beurteilte Caesar und Pompeius doch weiter skeptisch.

In anderen Reden vor Caesar verlagert Cicero die Haltung Caesars gern auf die *sapientia*. Denn von Caesars *clementia* hörten die Adligen Roms gar nicht so gern, weil damit zu sehr ihre Abhängigkeit von Caesar betont und der monarchische Charakter von Caesars Herrschaft spürbar wurde. Cato soll sich ermordet haben, um Caesars *clementia* zu entgehen, heißt es.[20]

Sapientia bezeichnete tatsächlich nur die staatsmännische Klugheit ohne den Aspekt der Omnipotenz Caesars. In der Rede für den König Deiotarus hingegen kann Cicero die Lieblingshaltung Caesars hervorheben und evozieren und ihn auf sie festlegen. Denn obwohl er Deiotarus wie einen Römer charakterisiert hat, ist er doch ein Ausländer, dem gegenüber auch alle anderen anwesenden Adligen eine Haltung der (außenpolitischen) *clementia* für angemessen halten können.

So widmet Cicero den letzten Teil seiner Peroratio vorwiegend Caesars *clementia* — ohne außenpolitische und innenpolitische *clementia* zu unterscheiden — und bringt sie immer wieder mit der Haltung des Deiotarus und seiner Leute zusammen. Cicero verwendet den Ausdruck hier noch dreimal (38: *acceptum clementiae tuae*; 40: *multa sunt monumenta clementiae tuae*; 43: *alterum conservare clementiae tuae*) und zwar immer in derselben Form auf -*ae* und mit dem Attribut *tuae*.

(a) In § 39 wendet er den Fall des Deiotarus erneut ins Allgemeine (wie in § 30b), macht aus der *causa specialis* eine *causa generalis*. Diesmal aber sieht er die Bedeutung des Falles und der Entscheidung darüber nicht mit dem Bestand des Staates verbunden, sondern mit dem Bestand und der Einschätzung von

---

19 Chr. Maier, Caesar (s. Anm. 8), S. 450.
20 S. o. S. 35.

Caesars Politik. Wenn Deiotarus nicht freigesprochen würde, müßten auch alle anderen Politiker fürchten, Caesar nehme eine einmal ausgeprochene Verzeihung zurück. Cicero vergleicht hier also außen- und innenpolitische *clementia* bzw. steckt sie in einen Topf, vermeidet aber das Wort *clementia* an dieser Stelle, weil er Römer zum Vergleich heranzieht. Man kann der Formulierung ferner sowohl Rücksicht auf römische Adlige als auch die Andeutung entnehmen, daß jetzt Caesar die Stelle einnimmt, die in der früheren Ausweitung des Falles auf allgemeine Bedeutung (§ 30b) der Staat einnahm.

Diesen Abschnitt beginnt Cicero mit einer Darlegung seines persönlichen Verhältnisses zu Deiotarus. In einer intensiven *amplificatio* zeigt er, daß es durch politische Aufgaben zustandegekommen ist und auf Verdiensten des Deiotarus beruht. Diese werden in einer asyndetischen Reihung in vier Punkten beschrieben, wobei jeweils das Objekt dem Subjekt vorangestellt ist und die Ausdrücke für Freundschaft wie für die Haltung des Deiotarus variieren. Die Ausdrücke für Freundschaft wechseln von der politischen *amicitia* und dem damit verbundenen politischen *hospitium* zur Vertrautheit und Nähe *(familiaritatem, necessitudinem)*. Die Ausdrücke für die Haltung des Deiotarus beginnen mit einem politischen Ausdruck auf römischer Seite *(res publica)*, schildern dann die korrespondierende Bereitschaft des Deiotarus *(voluntas)*, den dauernden Umgang *(consuetudo)* und schließlich viele große Einzelleistungen *(magna officia)*. Ob man in der Verwendung dieser Synonyma eine Klimax sehen soll, die von der politisch ausgelösten Verbindung zur echten Freundschaft und von den politisch geforderten Leistungen zum totalen persönlichen Einsatz führen, oder ob man eher eine Antiklimax darin sehen soll, die die Verbindung von Cicero und Deiotarus politisch entschuldigt, mag dahingestellt bleiben. (Cicero identifiziert sich zwar in § 38 voll mit Deiotarus, aber man weiß bei einem Redner wie Cicero nicht mit hundertprozentiger Sicherheit, ob er nicht in verschiedenen Zusammenhängen verschieden denkt und ob er nicht auf jeden Fall mehr in seinen Formulierungen berücksichtigt, als der Zusammenhang verlangt).

Die Ausweitung ins Allgemeine leitet Cicero mit *sed* und der Gleichsetzung *cum (conicidentiae) ...tum* ein. Deiotarus wird mit vielen berühmten Römern gleichgestellt *(de multis amplissimis viris)*, die Präzedenzfälle für die Entscheidung über Deiotarus darstellen sollen und gleichzeitig angeblich mit einer negativen Entscheidung über Deiotarus wieder in Gefahr gerieten, womit Caesars *clementia*-Politik scheiterte.

Diesen Abschnitt formuliert Cicero so:

> *quibus semel ignotum a te esse oportet*
> *nec tuum beneficium in dubium vocari*
> *nec haerere in animis hominum sollicitudinem sempiternam*
> *nec accidere, ut quisquam te timere incipiat eorum,*
> *qui sint semel a te liberati timore.*

In polysyndetischer Form ist viermal derselbe Gedanke formuliert — wieder eine Epimone. Von *oportet* hängen vier Infinitive ab, genauer: ein Infinitiv, zwei *A. c. i.*, ein weiterer *A. c. i.*, dessen Akkusativ-Subjekt durch einen *ut*-Satz vertreten wird, der in sich zweigeteilt ist und eine Antithese enthält. Das einleitende *quibus* paßt, streng genommen, nicht zu den Gedanken *haerere* und *accidere, ut...* Durch diese leicht ungrammatische Formulierung, durch die Wiederholung von *nec* sowie durch die wachsende Länge der Kola gewinnt der Satz den Charakter einer erst stoßweise, dann immer drängender vorgetragenen Forderung. Die Wiederholung des einleitenden *semel* am Schluß fordert auf: Es muß ein- für allemal verziehen sein!

(h) §§ 40—41a:

In § 40 verbindet Cicero Caesars *clementia* mit der *misericordia.* Er steigert die Rühmung von Caesars *clementia,*
— indem er sagt, man müsse um sie nicht durch irgend eine Rede bitten; er verstellt sich also und tut so, als hielte er keine Rede;
— indem er sie der *iracundia* gegenüberstellt (*dabis profecto id misericordiae, quod iracundiae denegasti,* vgl. oben S. 68, 2. Abs.);
— indem er die vielen Belege für Caesars Milde bei römischen Bürgern jetzt doch erwähnt;
— indem er behauptet, Milde gegenüber Königen sei noch eine Steigerung;
— indem er daher aus der Milde gegenüber dem einen König Deiotarus die Milde gegenüber zwei Königen macht — gegenüber Deiotarus und gegenüber seinem Sohn (vgl. § 36);
— indem er die Milde gegenüber Königen als im Einklang stehend mit den *mores maiorum* erweist (was Caesar in seinem ‚Bellum Gallicum‘ gerne für seine Maßnahmen postuliert, auch wenn sie eher aggressiv sind, z. B. *b. G.* 1,8,3).

(b) §§ 41b—43a:

Zum Schluß wiederholt Cicero doch einige Punkte der Klage, mit einer neuen Widerlegung. Er benennt die Gesandten des Königs Deiotarus als Zeugen, besonders Hieras. Die Gesandten sind Vertraute des Deiotarus und auch Caesar gut bekannt — sonst hätte sie Deiotarus wohl auch nicht geschickt. Damit ist ein Vertrauensverhältnis hergestellt, das Caesar nicht leicht brechen kann. Deswegen kann Cicero hier die Namen im Polysyndeton aneinanderreihen, mit positiven Eigenschaften versehen, die Bereitschaft, mit ihrem Leben zu bezeugen, an den Anfang stellen *(corpora sua...),* Caesar hart zur gerichtlichen Befragung auffordern (Imperativ *exquire* am Anfang). Das Zeugnis des Hieras wird erst so formuliert, daß Rede und Tat eins sind *(suscipit, supponit),* dann wird es im Redebericht vorgetragen *(implorat, negat, dicit);* dann wird es in indirekter Rede wiedergegeben, in der der Sprecher Cicero mit dem Hörer Caesar gemeinsam den Wahrheitsgehalt der Aussagen des Hieras akzeptiert. Das wird von der Erinnerung Caesars unterstützt, an die ja Hieras appelliert *(memoriam tuam implorat)* und die durch die Temporalsätze mit anaphorischem *cum* geweckt wird. Ist die Erinnerung an die Sachumstände klar und unzweifelhaft, dann — so scheint es — stimmt auch die Behauptung, es ließen sich keine Verdachtsmomente bei den Einzelheiten feststellen.

(k) § 43b:

So kann Cicero zu seinem Schußplädoyer kommen:

> *Quocirca, C. Caesar, velim, existimes hodierno die sententiam tuam*
> *aut cum summo dedecore*
> > *miserrimam pestem importaturam esse regibus*
> *aut incolumem famam*
> > *cum salute;*
> *quorum*
> *alterum optare   illorum crudelitatis est,*
> *alterum conservare   clementiae tuae.*

Caesar wird mit vollem Namen angesprochen, Cicero bringt sich in *velim* höflich-bestimmt ein, Caesar wird weiter in *existimes, sententiam tuam, clementiae tuae* ins Spiel gebracht. Von ihm hängen Entscheidung, Wohlergehen des Deiotarus und Erfolg der eigenen *clementia*-Politik ab. Der eine Tag, das eine Urteil entscheiden über viel mehr. Die beiden Alternativen der Entscheidung und der Folgen werden erst mit *aut — aut,* dann mit *alterum — alterum* voneinander abgehoben. Die für Deiotarus negative Entscheidung macht das Unglück und das Verderben des Deiotarus und seines Sohnes zum Objekt *(miserrimam pestem),* die Schande zur Begleiterscheinung *(cum summo dedecore).* Die für Deiotarus positive Entscheidung macht die Erhaltung des Rufs zum Objekt *(incolumem famam),* die Rettung zur Begleiterscheinung *(cum salute);* es entsteht ein inhaltlicher Parallelismus *(dedecore/pestem — famam/salute)* mit syntaktischem Chiasmus, aber man könnte fragen, über wessen *fama* entschieden wird, die des Deiotarus oder die Caesars. Die negative Entscheidung, die auch für Caesar negativ wäre, wird voll in die Wunschvorstellung der Kläger verwiesen, die somit Caesargegner sind. Die positive Entscheidung wird — mit alliterierendem *conservare clementiae* — in die tatsächliche Ausübung der caesarischen *clementia* eingereiht.

Literaturhinweise

(a)   Textausgaben

M. Tulli Ciceronis Orationes, rec. A. C. Clark, Bd. II, Oxford ²1918.
Cicéron, Discours, t. XVIII: Pour Marcellus — Pour Ligarius — Pour le roi Déjotarus, texte établi et traduit par M. Lob, Paris 1952.

(b)   Kommentare

Ciceros Reden für M. Marcellus, für Q. Ligarius und für den König Deiotarus, hg. von F. Richter/A. Eberhard, 4. Aufl. Leipzig 1904.
Cicerone, Orazione Pro rege Deiotaro, da A. Palladino, Florenz 1958.

(c)   Übersetzung

Marcus Tullius Cicero: Sämtliche Reden, eingel., übers. und erl. v. M. Fuhrmann, Bd. 7, Zürich/München 1982.

(d)   Abhandlungen und Sonstiges

M. von Albrecht: M. Tullius Cicero — Sprache und Stil, in: RE, Suppl. XIII, Sp. 1241—1347.
M. von Albrecht: Ciceron — théorie rhétorique et pratique oratoire, in: Les Études Classiques 52, 1984, S. 19—24.
A. d. Leeman: Orationis ratio, Amsterdam 1963.
Chr. Neumeister: Grundsätze der forensischen Rhetorik, aufgezeigt an Gerichtsreden Ciceros, München 1960.
E. Olshausen: Die Zielsetzung der Deiotariana Ciceros, in: Monumentum Chiloniense (Festschr. E. Burck), Amsterdam 1975, S. 109—123.
W. Stroh: Taxis und Taktik. Die advokatische Dispositionskunst in Ciceros Gerichtsreden, Stuttgart 1975.
L. P. Wilkinson: Golden Latin Artistry, Cambridge 1970, S. 237—240 (Some modern theories of Latin prose rhythm. A. Clausulae).